ウチの江戸美人

いずみ朔庵 著

ポーラ文化研究所 監修

晶文社

装丁：鈴木千佳子
編集協力：林さやか（編集室 屋上）
第17話～53話解説：ポーラ文化研究所

まえがき

江戸時代から来た女性「江戸美人」ちゃんと、現代の女性「現代女子」ちゃんが、現代の部屋でルームシェア。

「ウチの江戸美人」は、株式会社ポーラ・オルビスホールディングス ポーラ文化研究所ウェブサイトにて、二〇一八年一一月一五日に連載がはじまりました。二人の暮らしを通じて、江戸と現代のおしゃれの違いを紹介するというものです。毎回テーマを決め、解説と共に、それにまつわるイラストを一コママンガ形式で月二回ほどのペースで配信してきました。

江戸時代は、今ほど自由な時代ではありませんでした。身分制度があり、結婚は親が決めるものであり、職業選択の自由もなく、衣類や装飾品にはたびたび幕府からの規制がかかり、あれもダメ、これもダメと日常の楽しみを奪われることもあります。ことに女性に関してはもっと厳しく、さらに自由度が狭まります。長い不況がつづく昨今ですが、それでも現代に生まれてきて良かったと思えるほどです。

ですが、浮世絵に描かれた女たちは、とても生き生きとしています。日常の中に喜びや楽しみを見つけ、季節の移り変わりを味わい、とても幸せそう。

「生まれてきちまったからには仕方あんめぇ、楽しんだ者勝ちサ」

と、せいせいと笑う声が聞こえてきそうです。

私は、そんな江戸の女性と現代の女性を引き合わせてみたいと思いました。同じ金魚鉢に入れられた二匹の金魚はどんな風に育っていくのだろう。まるで箱庭観察でもするように、彼女たちの行く末を見守ることにしたのです。

この本は、ウェブ版「ウチの江戸美人」各話のテーマをさらに掘り下げ、詳しく解説することで、江戸の化粧文化や当時の女性の生き方などを深く知ることができます。また、連載ではお見せできなかった二人の日常を四コママンガで描き下ろしました。

ひとくちに江戸時代と言っても二六五年もありますし、その間に人々の風俗は世情や景気に影響されてどんどん変化していきます。例えば、日本髪ひとつとっても前期と後期ではかなり違いがみられますし、身分や地域によっても少しずつ変わります。本書では、その中から代表的なものをいくつか紹介して、おおまかな流れがわかるようにしています。また、着物のような、今でも身近にあるものに関しては、現代の感覚との違いも視点のひとつとして楽しんでいただければと思います。

もうひとつ、大事なことをお伝えしなければなりません。

本文中「女性は誰でも」「日本人は」というような表記がたびたび出てきます。多様化が叫ばれるこのごろでは時代錯誤になりつつありますが、「江戸時代の女性」と「現代」を比較検証するためにはある程度のくくりを持って表現する方がわかりやすく、かつ簡潔に伝えることができます。そのような表現が出てきた場合、必ずしも生物学上、分類上の「女性」「日本人」に限ったことではないという風に解釈していただけますと幸いです。

また、江戸時代の風俗を紹介する際、外見に関することなど、現代では差別にあたる内容が出てきます。読んでいてあまり気分の良いものではありませんが、これは、かつてはそのような表現が許された時代があったのだということとして捉えてほしいのです。史実を現代の基準に置き換えて、「これは良くない」と削除したり、不自然なごまかしをしてしまえば、いずれ歴史の改ざんに繋がります。むしろこれは、人々が多くの課題を乗り越えてきた証ではないかと私は思っています。

前置きが長くなりました。

さあ、それでは『ウチの江戸美人』はじまり、はじまり。

鈴木春信「柿の実とり」によせて

目次

第一話

ちょ、動くなし

いいよォ、あたしゃ
そんな派手な色
似合わないョ

んなこたねーよ
…ってちっさ!!
手ェちっさ!!

かんにん
しとくれよォ

ネイルをしてみたら

つまべに

"つまべに"は、「爪紅」と書き、江戸時代にもあった爪のおしゃれです。紅や鳳仙花などを使って爪を染めます。でも、今どきガールと比べたら、ほんのり色づく程度でなんとも控えめ。というのも、もともと身分の高い女性の化粧で、濃くつけるのは、よしとされない化粧でした。

手元って意外と人に見られています。プロに任せた華やかなネイルアートも素敵ですし、お手入れされた清潔感のある爪も好感度がアップしますね。最近では男性でも身だしなみの一環として綺麗に整える方も増えています。

現代のネイルエナメルは一九二〇～三〇年代のアメリカで誕生しました。いかにも近代のおしゃれのようですが、爪に色をつけて楽しむ風習は古くは古代エジプトから、日本では平安時代から記録が残っています。

爪紅は、鳳仙花の花弁とミョウバンを潰したものを使って爪に色を入れていきます。お隣の国、韓国では今でも鳳仙花で爪を染める風習が残っており、「染めた爪の色が初雪まで残っていたら初恋が実る」という言い伝えがあるそうです。鳳仙花の開花時期は六月〜九月ごろなので、ワンシーズンくらいは色を楽しむことができたのではないかと思います。日本における爪紅は上方の御殿女中など高貴な女性たち一部の人々の間で、マナーとしてつけていたのが主流だったようで、残念ながら「町娘が爪を染めて愛しい人に会いに行く」という場面はなかったということです。

爪紅を撞木《しゅもく》に隠す比丘尼御所《びくにごしょ》

皇女や公家の女性が出家すると「比丘尼御所《びくにごしょ》」という寺院で暮らすことになりますが、そこに住む尼僧が爪紅をしている様を詠んだ川柳が残っています。「撞木（鐘や鉦《たたきがね》などを打ち鳴らすT字型の棒）に隠す」と表現しているのは尼僧の奥ゆかしさを表したのか、誰かに見られて恥ずかしげに隠したものなのか、想像してしまいますね。

ちなみに、爪を切る時は裁縫に使う「糸切り鋏《ばさみ》」や「小柄《こづか》」（日本刀についている小さなナイフのようなもの）などを使っていました。

江戸美人ちゃんは現代のネイルに驚いたことでしょう。新しもの好きの江戸っ子ですから、慣れてしまえばいろんなネイルを楽しむかもしれませんね。

江戸美人ちゃんは糸切りバサミで爪を切っている

第二話

ちょいとォ
あたしのぬか袋
知らないかい?
は? あれ
ゴミじゃねーの?
…まさか捨てたのかい?
捨ててないョ
捨てたね
……

ゴミじゃないって!

ぬか袋

江戸時代の洗顔料といえば"ぬか"。赤く小さな袋にぬかを入れたものをぬか袋といい、ぬか袋をお湯につけ、ぎゅっと絞った絞り汁で顔や体を洗ったのです。銭湯で手軽に買うことができたぬかは、使うごとに古いぬかを捨てて中身を入れ替えて使っていました。

米

ぬかを使ったせっけんやコスメは、自然派化粧品として今でも根強い人気がありますね。

玄米を精米すると白米になりますが、その際に取り除かれる外皮を「ぬか」と呼びます。玄米の栄養分のおよそ九割が含まれ、ビタミンB1をはじめとするビタミン群、ミネラルなどが豊富に含まれています。

江戸っ子は白米好きで、成人男子で一日五合食べていました。ということは、当然ぬかがたくさん出ます。日常生活でちょっと手が油っぽくなった時にはぬかや衾《ふすま》でもみ洗いしたり、掃除では板間を磨く時のワックスがわりにしたり。

では、ぬかは江戸時代の「せっけん」だったのでしょうか？

西洋の「せっけん」は一六世紀に日本に入ってきましたが、当初は貴重品で、下剤として使われていたようです。一方、洗濯では泡立つ成分・サポニンが含まれるムクロジの実、サイカチ（マメ科の植物）の鞘《さや》や、灰を溶かし上澄みをすくって作る灰汁《あく》などが使われていましたが、顔や身体を洗うのにはもっぱらぬかを使っていました。

ぬか袋は木綿や紅絹《もみ》の布を袋状に縫い、口を紐で結んだもの。ぬかに含まれる油分や保湿成分が肌をしっとりさせるので、汚れを落とすだけではなく艶《つや》のある肌に仕上がりました。ぬかの他にも小豆などの豆類を数種類配合させて、オリジナルの洗粉を楽しむこともありました。女性の湯上り姿は浮世絵の題材にも好まれ、たくさんの絵師が競って筆をとりました。ぬか袋を象徴的なアイテムとして描いたものも多く、紐を口にくわえたり手ぬぐいの先に結んでぶら下げてたりしている様子から、お風呂の必須アイテムだったことが伺えます。

現代女子ちゃんは、ぬか袋のおわびに手ぬぐいをプレゼントしたみたいですよ。

三代歌川豊国「江戸名所百人美女　御殿山」ポーラ文化研究所所蔵

江戸美人ちゃんは近所のお米屋さんと仲良し

第三話

メンドクセーなァ
もう切っちゃえよ

だから言ってんじゃ
なぃか
一人で洗えるから
いいってェ

一人で
できねーよこんなん

バカにすんじゃ
なぃよ もう

ひとりじゃ洗えない

洗髪

現代の日本人は毎日シャンプーする方が多いと思います。最近では洗いすぎは良くないという風潮もあり、シャンプーの回数を減らす人や、お湯だけで洗う「湯シャン」派の声も聞くようになりました。

古来、髪のお手入れは「洗う」よりも櫛で梳《す》くことでほこりや汚れを取り除いていました。また、一日に何度も梳いて頭皮に刺激を与えることで、髪が早く伸びると信じられていたのです。

江戸時代の女性の洗髪は通常は月に一～二度。髪を結い直すことはあっても長い髪を垂らして人前に出ることはありません。毎朝起きると櫛を入れて形を整えるので、日々のお手入れにはそれほど手間はかかりません。

江戸女子の洗髪は月に1～2度。ふのりとうどん粉をお湯で混ぜて作ったシャンプーを髪にこすりつけ、よく揉んで洗い流しました。蛇口を捻ればお湯が出るシャワーなんてない時代、鬢付け油で固められた長い髪をほぐして洗うには手間がかかり、1日仕事でした。

ですが、洗髪となるとそうはいきません。浮世絵では女性が上半身裸になり、部屋に大きなたらいを置いて髪を洗う姿が描かれています。今のようにお風呂に入ったついでに洗えるようなものではなく、一日がかりの大仕事だったことが伺えます。吉原では月に一回「洗髪日《かみあらい》」が設けられていたほどです。

髪を洗うには、ふのり（海藻の一種で、糊や食用にもできる）とうどん粉を使いますが、第二話の「ぬか袋」で紹介したムクロジの皮を刻んで煎じたもので洗うこともあったようです。洗った後は自然乾燥か、火桶で炙って乾かします。ドライヤーのない時代、長い髪を乾かすにも時間がかかりそうです。

実際に今、日本髪を結って生活している方に、現代ではどのように洗髪しているのか伺ってみたところ、食器用洗剤や洗濯洗剤、椿油などを使っているそうです。油でまとめるタイプの日本髪は、シャンプーでも太刀打ちできないようですね。現代のお風呂場でうどん粉を使うと大惨事になってしまいますから、江戸美人ちゃんも現代女子ちゃんと相談して色々な洗剤を試してみたのかもしれません。

シャンプーの前身である「髪洗い粉」が出たのが明治の終わり頃、洗髪の回数が増えたのは戦後からです。日本髪を結う人が少なくなり、洋髪が一般的になってきたこと、内風呂が普及したことなどが関係しているそうです。

できればふのりやうどん粉を
使ってほしくない江戸美人ちゃん

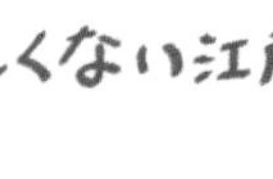

第四話

あした 5時に
おこひて
やらよォ
自分れ起きら
さいよォ
いいらん
いるも夜明けり
おきへるらろ
しょうがらい
れェ

おやすみ前に……

歯みがき

江戸時代、柳や竹の先端をたたいて房状にして作った房楊枝(ふさようじ)を使って歯を磨きました。今でいう歯ブラシです。歯磨き粉も豊富に種類があり、丁子や白檀といった香料をプラスしたものも。清潔な歯は江戸っ子のおしゃれでもありました。

好きなタイプは？というランキングをよく見かけます。優しい・誠実などと共に上位にランクインするのが「清潔感」。日本人はそもそもきれい好きな民族で、その中でも、口腔ケアはおしゃれの必須項目。江戸の男性がモテる条件にも「歯は白く、口臭がない」ことがあげられています。

江戸時代の歯ブラシ、房楊枝《ふさようじ》はなかなかのすぐれものです。柄の反対側は尖っており歯垢を取るのに使います。また、柄のカーブを利用して舌苔を取ることもできる３ｗａｙ仕様。毎日使い捨てにするのが「粋」と言われるくらいでしたから、一種のおしゃれアイテムと捉えられていたのかもしれません。

歯磨き粉は種類が豊富で、化政時代には一〇〇種類を超えていました。原料は房州《ぼうしゅう》砂《うずな》という粒子の細かい砂に薬効成分と香りをプラスしたもの。丁子《ちょうじ》や白檀《びゃくだん》など、好みの香りをチョイスできました。紅で染めたピンク色の歯磨き粉は高級品です。歯磨き粉を使うと歯が白くなり良い香りがするので、都会育ちのステイタスとなっていたようです。江戸見物のお土産としても人気がありました。

さて、江戸美人ちゃんは、浅草は浅草寺の奥山にやってきました。ここは楊枝屋の密集地で、房楊枝のほかにも歯磨き粉やお歯黒に使う五倍子《ふし》などの口腔ケアグッズも手に入れることができます。明和（一七六四〜一七七二年）の頃に「柳屋《やなぎや》」という楊枝屋があり、そこの看板娘「お藤《ふじ》」は「明和三美人」の一人に数えられ、〝会いに行けるアイドル〟ばりの人気がありました。人気女優が宣伝している化粧品を見て「私もあんな風になれるかしら」と憧れる乙女心は今も昔も同じこと。江戸美人ちゃんもお藤さんにあやかっていいそいそと買いに来たのでしょう。

江戸時代には虫歯の治療法がなく、最終的には抜いてしまうしかありません。落語「佃祭《つくだまつり》」では、橋から梨の実を川へ流そうとする女性が登場しますが、歯痛に効くと言われる戸隠神社の方向へ手を合わせ、自分の名前と痛む場所を書いた梨を川へ流して、三年梨を断つと歯痛が治るという説がありました。ちなみに現在では、梨に含まれるソルビトールは虫歯になりにくいといわれています。

現代の歯ブラシなら「かため」が好きな江戸美人ちゃん

第五話

入魂のベースメーク

なーんかメンドいこと
やってんな〜

なんだよう
ジャマしないどくれ

アタシのファンデ
使えばいいだろ

白粉《おしろい》

江戸時代のベースメークである白粉は、水で溶いて、刷毛や指を使って、顔や首、耳、襟、胸のあたりまで塗りました。さらにハイライト効果を狙って鼻筋には濃いめの白粉を、目じりやまぶたは薄めにと、お面のような顔にならないように、濃淡を駆使。境目や端は入念にぼかすなど、ベースメークには特に気を使っていました。

肌の色や好みは人それぞれです。透き通るような白い肌に憧れをもつ人もいれば、健康的な小麦色の肌に魅力を感じる人もいて、ニーズに合わせた化粧品も次々とリリースされています。ですが、「色の白いは七難《しちなん》隠す」ということわざがあるように、肌の白さが美人の条件のように言われていた時代がありました。

メーク中の姿はあまり人には見られたくないものです。襟元を大きく広げ、上半身裸でメークしている姿は、たびたび浮世絵や川柳の題材になっています。ですがこれは、白粉を顔だけでなく首元や襟、耳まで塗る習慣があったからです。

一時期をのぞくとおおむね薄化粧が好まれ、特に江戸地域ではそれが「粋」とされました。そうは言っても現代人が見るとかなり濃く（白く）感じますが、電気のない時代、ほの暗い室内で浮き上がるような白い肌は魅力的に見えたそうです。

現代女子ちゃんがメークの邪魔をしていますが、これは白粉による鉛中毒を心配しています。江戸時代の白粉の原料は鉛や水銀が入っているものが多く、鉛白粉は安価で伸びも良いことからよく使われましたが、これらが内臓疾患や神経麻痺を引き起こすことはまだ知られていませんでした。明治二〇年（一八八七年）に歌舞伎役者が芝居中に鉛中毒の症状で足がふらつくという事件があったことから世間に広まり、昭和一〇年（一九三五年）になってようやく鉛入りの白粉の製造が禁止されました。

明治三九年（一九〇六年）に初めて色のついた色白粉が登場します。この頃から自分の肌に合う色の白粉を使うようになり、現代のファンデーションにつながっていきます。

ファンデーションといえば、季節によって限定発売のコンパクトケースが販売され、いくつも買ってしまうことがありますが、白粉が入っていた白粉包みにもさまざまなデザインが施されていました。もちろん江戸美人ちゃんも集めてますよ。

白粉包み ポーラ文化研究所所蔵

なぜ肉の上に肉の色を乗せるのか？
江戸美人ちゃんにはよくわからない

第六話

メタリックカラー

えっコレ　口紅なん？
だってすげー緑くね？
塗ると色変わる系？

変わる系だったねー
赤いねー
ちょ、まって
どんだけ重ねんの

キター
緑キター
重ねすぎて
色戻ったー
ギラッギラじゃん
ギラッギ
うるさいねェ

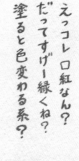

笹《ささ》色《いろ》紅《べに》

江戸時代の口紅はベニバナを原材料とし、お猪口などの内側に塗って販売されていました。唇にのせると、人によってさまざまな赤の発色に変わります。さらに重ねづけしていくと金色がかったメタリックな緑色になったので「笹色紅」と呼ばれていました。

子どもの頃、お母さんの鏡台をこっそり借りて口紅を引いた経験のある方も多いと思います。江戸時代の口紅は「紅《べに》」と呼ばれ、水を含ませた筆で玉虫色に輝く紅を取ると、鮮やかな赤があらわれます。

下唇には濃く塗り、上唇には薄くつける、口の大きな人は全体的に薄くつけ、小さい人は濃くつけるなど工夫をしていたようです。また、重ね方や温度によって発色が変わるので人によってさまざまな色を楽しめました。

病み上がりそろりそろりと紅が減り

病床では化粧ができなかった娘が元気になっていく様子を、紅の減り具合で表現している川柳です。

現代女子ちゃんも驚く「ギラッギラの緑」とは、紅を何度も重ね付けすることで緑色の艶が出る「笹色紅《ささいろべに》」という塗り方で、高級遊女やお金持ちのお嬢さんしかできない贅沢《ぜいたく》なメークでした。美人画にも下唇の中央が緑がかった女性たちを見ることができます。「ひとはけ三十文」「紅一匁 金一匁（金と紅は同等の価値がある）」と呼ばれるほど高価な紅はひとつの花からわずかしか取れず、作るにも手間がかかり希少価値のあるものでした。

では、一般庶民の女の子たちはどうしていたのでしょうか。そこは賢い江戸っ子女子、お金がなくてもメークは楽しみたいものです。唇の中央あたりに墨を下塗りし、上から紅をつけることで色に深みを出す「プチプラ笹色紅」を楽しんでいたのです。とはいえ、笹色紅が流行したのは江戸時代後期のほんの短い期間でした。

現代でもコスメ選びに重要な役割を果たしているのが、見た目の可愛さを演出するパッケージデザインです。紅は残り少なくなると、紅入れを持ってお店に行けば再び刷毛で塗ってもらえたのです。その度に好きな入れ物に変えてもいいし、お気に入りを使い続けることもできるので、自分だけの紅入れを選べるところも嬉しいですね。

これを機に計量もできるおたまに買い換えた

第七話

どしたん？
頭ボッサボサじゃね？

びんつけ油が
切れちまったんだヨォ

ヘアスプレーでいいじゃん
はいはい
こわくないでちゅよ――

あたしゃ そんなの
つけないよっ

じゃ おすもうさんに
借りまちゅか――？

固めてキープ

鬢《びん》付け油

日本髪は一度結うと何日も保たせなければならず、スタイルキープが大切。植物油や木蝋で作られた「鬢付け油」を使ってガチガチに。ハードに固まる鬢付け油が、ヘアスタイルを支える役割をしていました。

相撲部屋のある町を通りかかるとお相撲さんを見かけることがあります。すれ違いざま、ふわっと鼻をくすぐる甘い香り……。これが「鬢《びん》付《つ》け油《あぶら》」だと知ったのはずいぶんあとのことでした。

髪に油をつける習慣は万葉集にも出てきます。また、奈良時代にはサネカヅラの蔓《つる》を切って水に浸し、出てきた粘液を整髪料として使っていました。戦国時代に入ると武将たちが松脂《まつやに》と木蠟を混ぜたもので髭の形を整えはじめます。これがのちに頭髪に使われるようになり「伽羅《きゃら》の油」「梳油《すきあぶら》」などと呼ばれる鬢付け油となりました。

戦の世が終わり、長い髪を束ねていただけの女性の髪型もだんだん高く結んで余った髪をまとめるようになっていきます。やがて時代の変化とともにさまざまな技巧をこらすようになり、固定のための道具なども増えていきますが、立体的な髪の造形に一役買ったのが鬢付け油です。

髪油の種類はほかに「鬢水《びんみず》」「水油《みずあぶら》」があります。「鬢水」とは前述したサネカヅラを使ったものなど水溶性のもので、身分の低い人々が使っていました。「水油」はくるみ油やごま油など頭髪用の植物油で、髪を梳《す》いて汚れを取るなどふだんのお手入れに使われました。この時代は髪の毛はかっちりとまとめるのが通常で、ゆるふわパーマやニュアンスヘアもありません。スキのない日本髪だからこそ、おくれ毛やほつれ髪に色気を感じてしまうのかもしれませんね。

ちなみに、鬢付け油には無香料のものもあります。「伽羅の油」も必ずしも希少価値のある伽羅が使われていたわけではなく、上質を示す一種のブランドネームでした。

江戸美人ちゃんは、今でも昔と同じ風貌の力士を見てさぞや驚いたことでしょう。江戸時代は女性の相撲観戦が禁じられていたので、いつか相撲見物に行きたいと思っています。

※髷は京阪では「つと」と呼びます。

前髪
まげ(島田)
モデルなんて照れるねェ
たぼ(つと)
びん

平安時代の髪の長い女性はこんなふうにして寝ていた

第八話

ちょいと、大丈夫かい？

は？　何が？

顔色が悪いネェ

今　お布団敷くからネ

…って何してんの？

何でチーク塗られてんの私

だって顔色悪いだろ

しかもこれリップに

使ってたやつだよね

ひとつで三役？

紅《べに》

江戸時代のポイントメークで鮮やかな色みがあるのは赤だけ。紅の赤を肌に少し加えるだけで華やかになったり、顔色をよくみせたり。リップにもチークにもネイルにも使える万能カラーでした。

ベニバナの花弁を摘み、水洗いして発酵させ、わずかに一パーセントしか含まれていない色素を抽出したものが「紅」。江戸の女性たちは、この紅を上手に使って化粧を楽しんでいました。

たとえばチーク。今のようにファンデーションの後からつけるのではなく、先に地肌に伸ばし、上から白粉を乗せてぼかしていき、ほんのりついたかつかないか程度に仕上げます。享保年間（一七二〇年頃）まではこの習慣がありましたが、以降はつけなくなっていきます。江戸と京阪、身分でも化粧の方法や流行は変わりますので一概には言えませんが、江戸ではおおむね薄化粧が好まれていたようです。現代でもツヤのあるチークを乗せる時期があったかと思えば、陶器のように仕上げるのが流行ったりしますので、そうやって繰り返しながら少しずつ変わっていくのでしょうね。

文化六年（一八〇九年）から文化一〇年（一八一三年）にかけて刊行された式亭三馬の滑稽本『浮世風呂《うきよぶろ》』では二人の女性が濃い化粧をする人の噂話をするシーンが出てきます。要約すると「上方風だか役者の真似だか知らないが、近ごろ目のふちを赤く塗る者がいる。みててごらん、年を取ってからその部分が黒くなるに違いない」というもの。また、化粧が濃いさまを「茶屋の嬶《かか》のようだ」（身分の卑しい女という意味）と表現していたり、濃い化粧の評判はさんざんです。でも、濃いお化粧って楽しいんですよね。「メークはマナー」という言葉もありますが、個人の趣味として大目に見てほしいものです。

当時の美容本には「青白い顔を桜色に見せる方法」「沈んだ顔立ちをくっきり見せる方法」と、それぞれチーク、アイシャドーとしての紅の使い方が記されています。

江戸美人ちゃんがとっさにチークを塗ったのはトンチンカンな優しさのようにも見えますが、具合の悪い顔はあまり人には見せたくないものです。おしゃれ好きな江戸美人ちゃんなりの気づかいなのでしょうね。

さてさて、現代女子ちゃんはこのあと江戸美人ちゃんによる江戸式の看病を受けたのでしょうか。様子を見て病院に連れていってくれるといいのですが。

江戸時代式の看病を経て

現代女子ちゃんの風邪は治りました

第九話

あ〜〜もうサイアク
似あわなすぎて
むしろウケる
お前さんらしく
ないねェどれ
ちょいと見せておくれ
いいよもう
いい色じゃないか
オヤ、こりゃ
薄くつけても
映えるねェ
何でうれしそうなの

白・黒・赤だけで……

江戸のメークカラー

江戸時代の化粧は、白（白粉）、黒（眉墨・お歯黒）、赤（紅）と、３色しかありませんでした。また、身分や年齢によってさまざまな決まりもありましたが、時に３色を使って、つける場所や濃さ、グラデーションで、トレンドや自分の好みや似合うメークを楽しんでいたようです。

化粧品売り場に行くと、色とりどりの化粧品にウキウキしますね。流行りのカラーや普段使わない色に挑戦しようとして買ったものの、うまく使いこなせず挫折したのに、忘れたころにチャレンジしてまた挫折……よくあることです。

江戸時代のメークは「白・黒・赤」の三色しかないので現代のメーク用品を見慣れていると物足りない感じがしますが、おしゃれしたい気持ちは今も昔も変わりません。イラストレーションの世界で、少ない色数でたくさん色を使っているように見せるテクニックがあるのですが、江戸のメークもこれと同じです。

例えば「白粉」は鼻を高く見せるために鼻筋のみ濃くつける、一旦つけた白粉を手ぬぐいでぬぐって薄くするなど立体的に見える工夫をしていますし、紅は第八話で解説した通り、チークやアイメークなどさまざまな使われ方をしています。今ほどモノが豊富になかった時代、あるものでなんとかしよう、という創意工夫が見られます。

髪や瞳の「黒」、黒を引き立たせるための「白」、血の色である「赤」は日本人が本来持っている美しさを引き出すのには理にかなっています。これは個人的な考えなのですが、当時の日常着である「着物」にも関係があるのではないかと思っています。着物は柄に柄を重ねたり、重ね着で多色づかいになったりと洋服に比べると強めな組み合わせになりがちです。その着物の色柄に負けないはっきりとした輪郭と引き算のシンプルさ、その両方こそがメークに求められていたのではないでしょうか。

江戸美人ちゃんにとって現代のメークは「色の宝石箱」。色が濃いと思ったら薄くつける、他の色と混ぜて自分好みにする、時には口紅を目元にちょん、とつけるなどアレンジもお手の物です。

江戸時代、「奢侈禁止令《しゃしきんしれい》」と呼ばれる、贅沢や派手な服装を禁じるお触れが何度も出されますが、規制がある中でも創意工夫と反骨精神でおしゃれを楽しんでおり、それが江戸小紋などの「文化」として華開いていきます。選択肢が少ない中での工夫が上手なのは、江戸っ子気質とも言えるかもしれません。

緑のスカートはどうなったんだろ？

第一〇話

まだかョ～
場所なくなっちゃうョ
もうちょっと
待っとくれ
準備に時間
かかりすぎじゃね？
だからァ
待っとくれよォ

気合いが違う

中《ちゅう》化《げ》粧《しょう》

お花見は江戸時代もビッグイベント。揃いの着物をあつらえたり、コスプレをしたりと大変な騒ぎ。この時期の人気は「中化粧」。厚化粧にならず薄化粧でもない、花に負けない春メークです。

もしかしたら、江戸時代のお花見は今よりも騒がしかったかもしれません。

この日のためにいろいろと準備をする者もいます。揃いの着物でゾロゾロ歩く者、「花見小袖」と呼ばれる奇抜な衣装を身につける者、歌舞伎役者の扮装をする者、さまざまです。

桜の下には筵《むしろ》や毛氈《もうせん》（茶室などでも使われる敷物）を敷き、木々の間には幕を張りました。自慢の着物を幕がわりにすることもあります。お花見弁当、酒に肴に歌に踊り、特に現在の北区王子にある飛鳥山は規制がなく、人気がありました。また、人が集まる場所はお見合いの席に使われることもありました。大店の子息に見初められ玉の輿《こし》、ということもありますから、特に若い娘は入念におしゃれをしました。

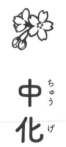

現代だと、夏は汗に強いウォータープルーフ、冬は乾燥に強い保湿化粧品があったり、メークの手順を変えたりすることがありますが、江戸時代には季節ごとに化粧法を変えていました。

お花見に最適なのは「中化粧《ちゅうげしょう》」。厚化粧をすると日差しの下では下品になりますし、薄化粧だと桜に負けてしまいます。ということでその中間のまさに「ちょうどいいメーク」が「中化粧」と呼ばれていました。

白粉《おしろい》を薄くつけるためには、まず肌に白粉を乗せたあと、半紙で余分な水分を取り、手ぬぐいでおさえます。そして再び白粉を乗せ、余分な白粉を取り去る……ということを繰り返して、肌になじませていきます。非常に手間のかかる工程ですが、そうすることで透明感のある仕上がりになります。

お花見の起源は奈良時代といわれています。貴族が梅の開花を楽しんでいたものが時代が下るにつれ梅から桜へ、豊臣秀吉が文禄三年（一五九四年）に「吉野《よしの》の花見」、慶長三年（一五九八年）「醍醐《だいご》の花見」を大々的に行い、のちに江戸幕府が江戸の各地に桜の名所を作ったことから一般庶民の娯楽として広がっていきました。

ちなみに現代の日本人は、海外でも桜が咲くといそいそとシートをひろげお花見をするので、現地の人は不思議そうに眺めているそうです。

江戸美人ちゃんは料理をしない。

いいトコのお嬢さんなのかな？

第一一話

もーイヤ 肌ボロッボロ!!
私もう一生ウチから出ない
そうかい そりゃ
難儀だねェ
いいですわねェ
美肌美人はー!!
美しさのヒケツは
何ですかァー
今お前さんのために
作ってる
化粧水かねェ
えっ?

手作りコスメ

化粧水

いつの時代も女性の憧れは「美肌」。米ぬかやヘチマ、野バラの花を使った自作コスメのほか、戯作者の式亭三馬が売り出した「江戸の水」などの市販品も多くありました。

現代女子ちゃんはストレスが肌に出るタイプ。仕事が忙しくてお疲れなのでしょう、見かねた江戸美人ちゃんが手作りコスメを作ってくれるそうです。

江戸時代にも化粧水はありました。ヘチマ水やお米のとぎ汁など、いくつかのレシピが残っていますが、その中でも「花の露《つゆ》」と名前のついた化粧水は、なんとも乙女ごころをくすぐります。

江戸美人ちゃんが火にかけようとしている三段重ねの急須のようなものは「蘭引《らんびき》」という陶器で作られた日本製の蒸留器で、蒸留水や香油、焼酎などを精製するのに使われていました。

蘭引の下段に水、中段に野バラの花びらを入れて、蒸気で蒸すと上段で冷やされて雫となります。たまった蒸留水に丁子《ちょうじ》、片脳《へんのう》（樟脳白油）、白檀《びゃくだん》の香りを加えると出来上がります。説明に「香薬水《においくすりみず》」とあるところから、香りも良かったのでしょう。江戸時代にローズ系の香りがあったとは驚きです。

通常は白粉の下地に使いますが、白粉のあとに肌につけるとツヤが出て、吹き出物を治し……などの効能があるとされ、お肌にも良い薬用ローションのようなものだったのかもしれませんね。

この「花の露」は江戸後期の化粧水ですが、その一五〇年ほど前、既に同名の商品が販売されています。林喜左衛門という人が芝神明門前に「花露屋《はなのつゆや》」というお店で販売したもので、こちらは化粧水ではなく髪油。肌につければ吹き出物などに効く薬油でした。一八〇〇年ごろになっても廃れず販売されており、商標にあまりうるさくない時代、「花の露」という名前が「いい感じのヘア&メーク品」につけられる冠名だったのでしょうか。同時期に市販品や手作りコスメで同じ名前の別の商品が複数存在していたのが興味深いです。

三代歌川豊国「江戸名所百人美女
芝神明前」ポーラ文化研究所所蔵

"ほめ"は最高の美容液だね!

第一二話

前々から
思ってたんだけどサァ
何が？あっ
角度イマイチ
見てくれで
わからないのは
ややこしいねェ
インスタが？
まゆも落とさないし
髪かたちも自由だしねェ
えーだって
自由な方がよくね？

結婚のしるし

既婚と未婚

江戸の女性は結婚すると「島田髷」から「丸髷」に結い直し、お歯黒をしたりと見た目を変えるので、既婚か未婚（の若い女性）か、ひと目でわかりました。

江戸時代は身分によって髪型や着るものが細かく決められていました。古くは、女性の髪型は長く垂らすか束ねていましたが、江戸時代に入ってさまざまな形に結われるようになり、中期ごろから細分化していきます。

特徴的なのは「髷《まげ》」の部分で、大まかに「兵庫髷《ひょうごまげ》」「島田髷《しまだまげ》」「勝山髷《かつやままげ》」「笄髷《こうがいまげ》」の四つの種類があります。

兵庫髷は髷を縦に結ったもので、江戸初期の頃は一般的に結われていたものが、中期以降は髷を横に倒すようになり、横兵庫と呼ばれる遊女の髪型となりました。

島田髷は未婚女性の髪型です。一二〜一五歳頃になると、「髪上《かみあ》げ」と呼ばれる儀式で初めて髷を結うようになります。髷を折りたたんで途中を縛ったスタイルで、町娘風や粋な芸者筋などで好まれる髪型が変わりました。
勝山髷は、遊女勝山が考案した髪型で、その上品さから武家の奥方にも好まれました。髷を輪っかにして根元で止めた形をしており、やがて細かった髷が丸くなり既婚女性の髪型である「丸髷《まるまげ》」と呼ばれるようになります。既婚女性の髪型に位置付けられたのは天明（一七八一～一七八九年）から寛政（一七八九～一八〇一年）末年頃までのことで、結婚が決まると髷を結い直してお歯黒をつけ、出産したら眉を剃り……という風に見た目を変えていったのです。また、未婚でもある程度の年齢になると丸髷に結いました。

笄髷は、御殿女中や御所の女官が結う髪型です。通常は下げ髪にするのが一般的ですが、儀礼の時以外は笄を使って髪をあげ、さっと外して御用に戻れることからこの名前がつきました。

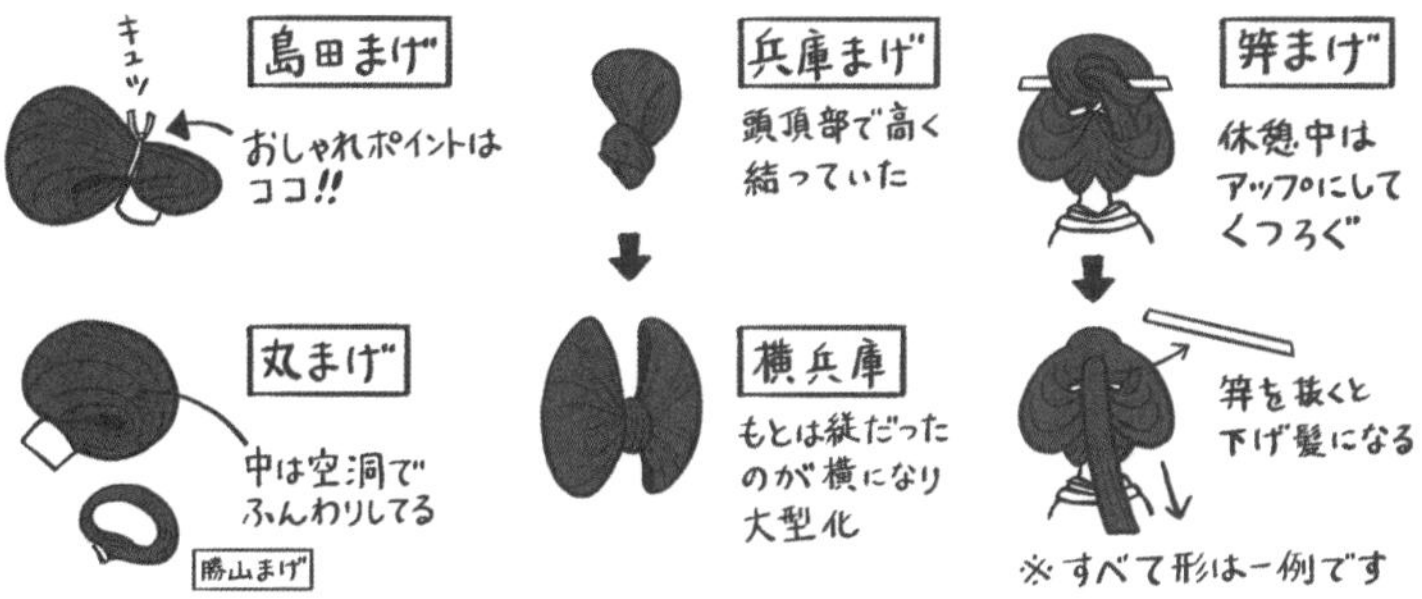
笄まげ
休憩中はアップにしてくつろぐ
笄を抜くと下げ髪になる
※すべて形は一例です
兵庫まげ
頭頂部で高く結っていた
横兵庫
もとは縦だったのが横になり大型化
島田まげ
キュッ
おしゃれポイントはココ!!
丸まげ
中は空洞でふんわりしてる
勝山まげ

スイーツメニューはどんなに長くても覚えられる

第一三話

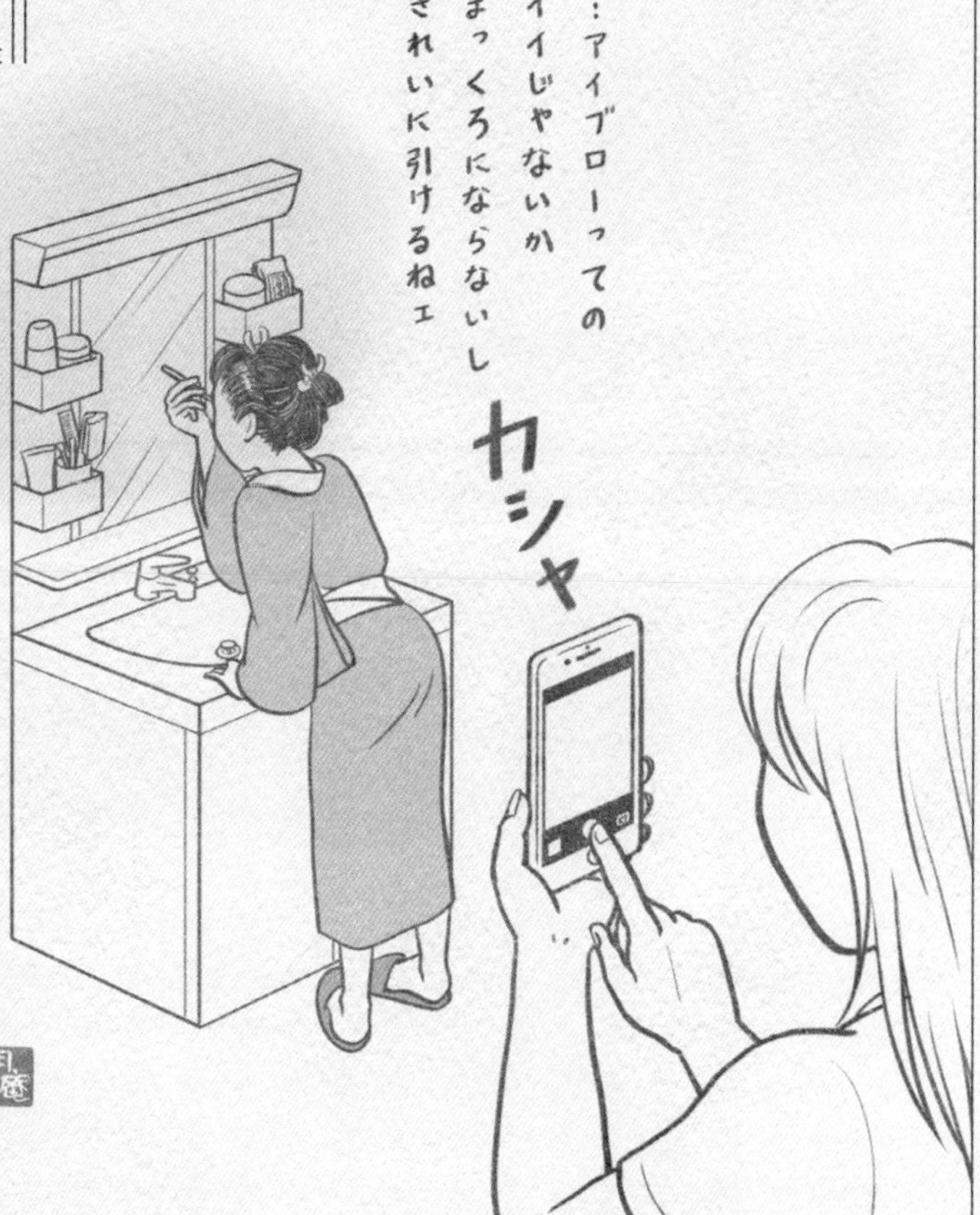

…アイブローっての
イイじゃないか
まっくろにならないし
きれいに引けるねェ
カシャ

こっそりと

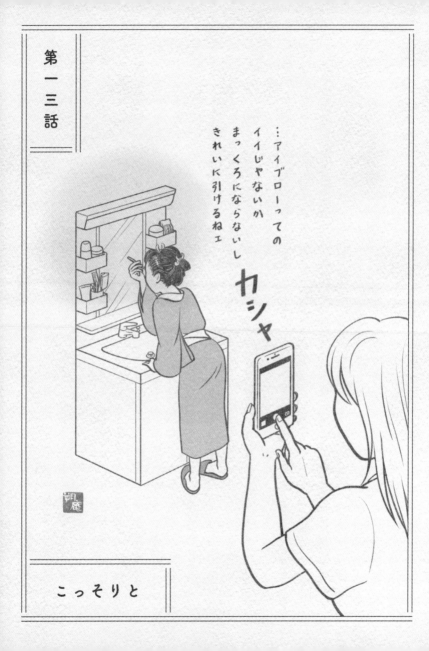

眉メーク

眉の太さやラインで顔の印象が変わるため、眉墨は重要なアイテム。江戸時代は行灯の油煙や、麦の黒穂、すり墨などを使いました。

眉 メークはシンプルがゆえに難しく、顔の印象を左右する大事なパーツです。

第一二話で書いた髪上《かみあ》げの儀式を「半元服《はんげんぷく》」と言い、子どもができて眉を落とすことを「本元服《ほんげんぷく》」と言います。眉メークはこの本元服までの期間限定メークであり、若い女性ならではのメークなのです。

眉墨は行灯《あんどん》の油煙に油を混ぜたものや、黒穂病《くろぼびょう》で胞子状になった麦の穂や真菰《まこも》を揉んで粉にしたものを使いました。眉を引く期間が短いせいか、眉墨の市販品は残念ながら文献ではまだ見つかっておりません。

眉の引き方ですが、まず余分な毛を抜いたり剃ったりして形を整え、薄くほっそりと仕上げていきます。眉の形には凝っていたようで、鶯《うぐいす》眉、三日月眉など多くの名前が残っており、顔のつくりに合った眉が考案されました。下がり目を上げて見せる、また、上がり目をまっすぐに見せるなど高度なテクニックの記述も残っており、あれこれ試して自分にとってのベストな眉を日々研究していたのが伺えます。

一方、本元服をしたあとの眉のない顔は面長に見え、いくぶん老け顔になるようで、嫌がったり恥ずかしがったりした様子が川柳にも残されています。当時の女性の胸中いかばかりですが、悪いことだけではなかったようです。剃ったばかりの青い剃り跡は新婚の象徴でもありました。歌舞伎『新版　歌祭文《うたざいもん》　野崎村《のざきむら》』では、結婚を夢見る「お光《こう》」という女性が、鏡の前で眉を隠し、人妻になった自分の顔を想像してウキウキするシーンがあり、見どころの一つとなっています。

ところが、浮世絵を見ると、丸髷で子どもを抱いている女性に眉が描かれていることがあります。これは当時の浮世絵師の創作で、眉がないと老けて見えるので、三〇代くらいまでの女性を描く時は眉を描いたのだそうです。当の女性も嫌がって、男性（当時の浮世絵師はほとんどが男性）からの評判もイマイチなこの眉剃り、今の私たちから見ればなんとも奇妙にうつりますね。

ちなみに、上流階級の女性たちは眉を剃ると、髪の生え際近くの額に丸い眉を描きます。そのほかの風俗も庶民とはずいぶん違いがあるのですが、こちらも不思議な風習です。

一度 現代の化粧品を使ってほしかった現代女子ちゃん

第一四話

コスメ売り場にて

ウォータープルーフ
おちにくいし
マジおすすめ

落ちないんじゃ
困るじゃないか

クレンジング
すりゃいいじゃん

あれ
ベタベタして
気色悪いんだよう

もう色々
観念しようよ

化粧品店

江戸の女性はどこで化粧品を買っていたのでしょうか。紅なら日本橋の玉屋、白粉は京橋の坂本屋などの専門店のほか、小間物屋（日用品や化粧品、雑貨などを売る商売）でも手に入りました。

江戸美人ちゃんはよく化粧品を手作りしています。現代女子ちゃんはあれこれと自分の化粧品をおすすめしていますが、やはり使い慣れたものがいいようです。とはいえ、江戸時代にも市販の化粧品があり、白粉や紅は人気ブランドも存在していました。

白粉で言えば「雲井香《くもいこう》」「白牡丹」など。中でも京橋南伝馬町の坂本屋で発売された「美艶仙女香《びえんせんじょこう》」は当時人気役者だった三代目瀬川菊之丞の俳名「仙女」からつけられたと言われ、当時の美人画にさりげなく描きこまれるなどのステルス・マーケティングでヒットした商品です。

紅では「小野小町《おののこまち》」からつけられた「小町紅《こまちべに》」がありました。また、寒い時期は質の高い紅が作られることから、寒中（小寒から立春までの約三〇日間）の丑の日に売り出される「丑紅」という期間限定コスメも。購入すると牛の置物がもらえて、これを撫でると病気や厄災を防げると信じられていました。

ところで、江戸時代はどこで化粧品を手に入れるのでしょうか。白粉や紅屋は問屋があり、専門店のようなお店もありましたが、多くは「小間物屋《こまものや》」で手に入ります。白粉・紅などのコスメから、櫛・笄《こうがい》・元結《もっとい》（もとゆい）などのヘアアクセ、袋物や根付などのおしゃれ小物に、歯磨き粉などの日用品まで購入することができます。時代が下るにしたがって化粧品店、日用品店など専門店化していきますが、最近のドラッグストアなどは薬、コスメ、食品、衣料品など色々なものを取り扱うようになったので、まるで江戸時代に逆戻りしたかのようにも見受けられます。

最も身近なのは、商品の入った小さなたんすを背負って家のそばまで売りに来る「小間物売り」です。顔見知りの行商人に「こういった商品が欲しい」と頼んでおくと、次に来るときに仕入れておいてくれるなど便利なもので、家にいながらお買い物ができるという点は、現在のネットショッピングにも似ています。お店で選ぶのとはまた違ったワクワク感があったでしょうね。

美容小物はみんな「★ーラー」だと思っていた江戸美人ちゃん

第一五話

ひんやりメーク

夏のメーク

夏のメークは素肌感が大事。今でいう「すっぴんメーク」風にするため、最初に濡れた手ぬぐいなどで肌を冷やしてから化粧をしていました。

真夏に着物を着ていると「涼しげですねぇ」と言われたり、反対に「暑くないですか?」と聞かれたりすることがあります。確かに帯周りなどは汗だくになりますが、筒袖ではなく、女性ものは脇下が開いているので風が入り、布で覆われる部分が多いので肌に直接日光が当たらず、むしろ楽に感じることもあります。

江戸時代は世界的に「小氷期」と呼ばれる寒冷期だったので、今よりは涼しかったようです。一七二一年から一八〇〇年までの七月の江戸の平均気温は二三・七℃、一八〇一年から一九〇〇年は二四・七℃。ですが、エアコンも冷蔵庫もない時代のことなので、当時の人々には暑く感じられたでしょう。

江戸の美容本のひとつ『容顔《ようがん》美《び》艶考《えんこう》』によりますと、夏のメークはまず洗顔などで肌を冷やしてから化粧をしたようです。顔全体に薄く白粉を乗せ、首は余った白粉をつける程度、耳の前後は素肌のまま残します。仕上げに濡れ手ぬぐいなどで軽く押さえて出来上がり。本来、江戸のメークでは首は顔より白く、耳まで真っ白に仕上げるのが良しとされていますので、当時としてはかなり素肌感のあるメークです。

汗が出るのも気にしていたようで、制汗剤のようなものもありました。「汗の出ずるを止める伝」として、防風《ぼうふう》（セリ科の植物）の粉末と浮小麦《ふしょうばく》を煎じたものを使うとあります。衣類の汗の臭いは、お湯の中に桃の葉を入れて揉んだもので洗濯しました。桃の葉にはフラボノイドが含まれ、消臭効果が期待できます。そのことを江戸の人たちは経験を通して知っていたんですね。

そういえば、江戸時代末期にも扇風機があったのをご存知でしょうか。回転する器具に団扇《うちわ》を複数取り付け、手動で廻す「手廻し団扇」で、大奥や豪商などが持っていたようです。

楊洲周延「千代田の大奥 入浴」（部分）
ポーラ文化研究所所蔵

仲良くふたつ食べました

第一六話

ベタベタとカサカサ

「ハンドクリーム
つけすぎちゃったから
手伝って下さあい」

ベタベタするものは
嫌だって言ってるじゃ
ないかア

カッサカサの
干物女子に
なりたくないだろ

干物は好物だョ

ハンドケア

どんなに化粧がキマっていても、手肌が荒れていては気分が沈みます。江戸時代には里芋や牡蠣の殻を粉末状にしたものを使ってハンドケアをしていました。

手

指はいちばん他人に見られる機会の多いパーツです。水仕事で荒れたり、冬場には乾燥したりで、気をつけていてもガサガサになってしまいます。そんな時はハンドクリームが欠かせません。種類も豊富なので、使いごこちや香り・パッケージなどで選んで色々と試すのもまた楽しいものです。江戸時代には専用の薬もハンドクリームもありませんが、日常に手に入るものでお手入れをしていました。

例えば「しもやけ」には〈一、里芋を黒焼きにして粉にし、ガマの油と混ぜたもの／二、山芋をおろしたもの／三、ボレー粉（牡蠣殻）を髪油と混ぜたもの／四、タコのゆで汁〉が効くとされていました。「ガマの油」とは大道芸でも有名な傷薬で、市販品にひと工夫して使っていたんですね。当時、ボレー粉は薬屋さんで手に入りました。

その他、ひびやあかぎれにも同様にいくつかの治療法がありますが、興味深いのは、この方法が掲載されているのが当時の美容本だということです。「面皃容《かおかたち》を化粧《つくり》すまりたりとも、手足荒れて礨砢《ふしくれ》あるいは指ふとく爪のび、垢たまりて化粧《けしょう》の美しさ似もつかざるは、いと興《きょう》さむる心地するもの也」。なんとも辛辣な言葉です。『都風俗化粧伝《みやこふうぞくけわいでん》』に書かれた一文で、メークがバッチリでも手指のケアを怠っていては台無しですよ、という事ですね。「神」ならぬ「美」は細部に宿る、と言ったところでしょうか。当時からそんな考え方があったんですね。

とはいえ、手荒れは長い間、水仕事をする人の悩みでした。一九世紀の終わり頃、ドイツで水と油の乳化剤が開発されると、明治四〇年（一九〇七年）ごろには国産の化粧用クリームが販売、ハンドクリームもその後ようやく誕生しました。

余談ですが、「ウチの江戸美人」を連載しているポーラ文化研究所が所属する株式会社ポーラ・オルビスホールディングスの創業者・鈴木忍氏は、一九二九年、手荒れで悩む妻のために独学でハンドクリームを作りました。これがのちのポーラを作るきっかけになったそうです。

江戸美人ちゃんに「現代から江戸に持っていきたいもの」を聞いてみたら、ハンドクリームとこたえるかもしれませんね。

間違えないように紙に書いて貼った江戸美人ちゃん

第一七話

髪結ってくれるって
こーゆーコト？
あ、こーゆーコトね

夏だし
イメチュンとか言うの
したいって言ってたろ

イメチュンって何それ
クッソかわいいな
イメチュン

あたしゃその
〝クッソ〟って言葉
好かないねェ

わかったやめる

ヘアスタイリスト

女髪結い

江戸時代、髪は自分で結うことが基本でしたが、女性同士で結いあうこともありました。しかし髪型は複雑化の一途をたどり、とても一人では結えないように。そこに登場したのが、女性の結髪を専門とする女性美容師「女髪結い」です。超絶技巧ともいえる髪型は、女髪結いの高いテクニックに支えられていました。

江戸時代の理髪店「髪結床《かみゆいどこ》」は男性専門です。男性の髷は髪結《かみゆい》に頼んだり、妻や使用人に結ってもらったりするのが普通で、武道の稽古の後などは男性同士で結うこともありました。

一般的な女性が髪を結うタイミングは、遊女など特定の商売の女性を除き三〜五日に一度ほど。お芝居を観に行くなどのイベントの時にも結い直します。結髪が一般的になると、結っていない垂らした髪や簡素な髪型は、身なりが整っていない、身分が低く卑しい職業の者がする髪型という位置付けになってしまいました。現代女性を見た江戸美人ちゃんも、最初はさぞ驚いたのではないかと思います。

では、女髪結いはいつごろ誕生したのでしょうか。

歌舞伎などのお芝居でかつらを結う「床山《とこやま》」の男が、ある時なじみの女性の髪を結ってやったところ評判となり、後に芸妓専門の髪結いになりました。やがて弟子を取るようになり、さらにその孫弟子には多くの女性が含まれており、天明・寛政（一七八一～一八〇一年）頃には「女髪結い《おんなかみゆ》」と呼ばれる専門職となります。初期の頃は遊女や芸妓など粋筋の女性が頼むもので、一般的には受け入れられていませんでしたが、髪型が複雑になるにしたがって需要が増え、やがて町家や武家にも出入りするようになりました。女髪結いも人数が増えて嘉永六年（一八五三年）ごろには江戸に一四〇〇人余りいたという記録が残っています。

これだけ需要がありながら女髪結いは店を持つことができず、道具箱を手にさげてもっぱら得意先を訪ねて廻る「廻り髪結い」でした。「（女性が）人を雇って髪を結わせるのは贅沢《ぜいたく》」という理由で幕府の禁止令が何度も出されたので、そうせざるを得なかったのでしょう。でも、江戸の女だってそれであっさり引き下がりはしません。なんでそんなことまでお上《かみ》に決められてないといけないの？という言葉が聞こえてきそうです。女性の美しくありたい気持ちと、女髪結いの強いバイタリティで、彼女たちが町から消えることはなかったのです。

江戸美人ちゃんは忍者のコスプレをして楽しんだ

第一八話

ごめんよ
大丈夫かい？
…イヤ…まあ…
イテテ
かんざしが当たったろ？
急にほほを突くもんだから
つい振り返っちまって
ほんの出来心で…
サーセン…
？？本当に
大丈夫かい？

いたずら心

髪飾り

江戸時代、女性の装飾品は櫛（くし）、簪（かんざし）、笄（こうがい）などの髪飾りに集中しました。中でもたくさんの櫛・簪・笄で飾り立てていたのが遊女たち。特に豪華な装いで知られる京都の遊廓・島原の遊女は、髪飾りだけで何と6キロもありました。日本髪が技巧的になるにつれて意匠の凝ったものが作られるようになり、黒髪を美しく飾りました。

日本髪ってつくづく「盛りヘア」です。技巧を凝らした立体的な形に、櫛簪を挿してさらに華やかに。「花魁《おいらん》」という言葉からイメージするような、文化・文政期の太夫（上級遊女）のヘアスタイルは後光が差しているようです。

日本髪の髪飾りは主に元結《もっとい》・櫛・笄《こうがい》・簪《かんざし》の四つ。

元結は和紙をこよりにしたもので、日本髪を結ぶ時に使ういわば収縮性のないヘアゴムのようなもの。男性の髷《まげ》もこの元結を使います。

笄は、もとは髪を整えるための道具で、棒状で先の尖った形をしていました。やがて髪を結い止めるようになり、享保年間（一七一六〜一七三六年）に実用品から装飾品として形を変えていき、最終的には留め具として機能しなくなり、元結で止めなければならなくなりました。

髪を止めるという、笄の本来の役目を受け継いで派生したのが簪です。簪に小さな匙《さじ》のような飾りがついたものはそのまま耳かきとして使えますし、根元は地肌を掻いたり髪を直すのにも便利です。やがて飾り部分の装飾性が高まり、後期には派手なものも作られていきます。

櫛は髪を梳《す》くのに使っていたのを、そのまま挿すようになりました。こちらも次第に見栄えがよくなり、大型のものや装飾面を大きく取るため歯の部分が小さくなったデザインのものが登場します。

こうやって見ると、「便利な道具を、使い終わってどこかにしまうのではなく髪の毛に挿しておく」という発想のようです。

そのほか、根（後ろ髪を元結で結んだ部分）に珊瑚《さんご》玉などをかける「根掛《ねがけ》」や、縮緬などの布で作られた「手絡《てがら》」、金や銀、紅白などの厚手の紙を結ぶ「丈長《たけなが》」があります。

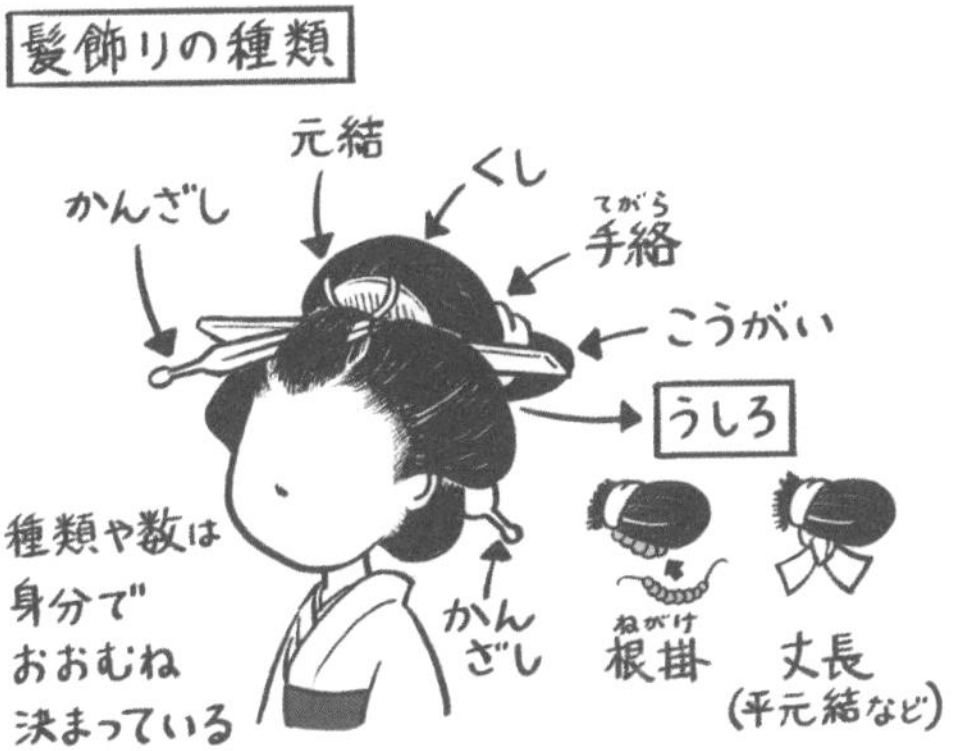
髪飾りの種類
元結
くし
かんざし
手絡《てがら》
こうがい
うしろ
種類や数は身分でおおむね決まっている
かんざし
根掛《ねがけ》
丈長
（平元結など）

現代女子ちゃんは会社でもやりはじめて注意された

第一九話

今さらなんだけどさぁ

何だい？

布巻いてるだけなんだよね…？

あたしはお前さんの方が窮屈そうに見えるけどねェ

そんな事より花火何時からだっけ？

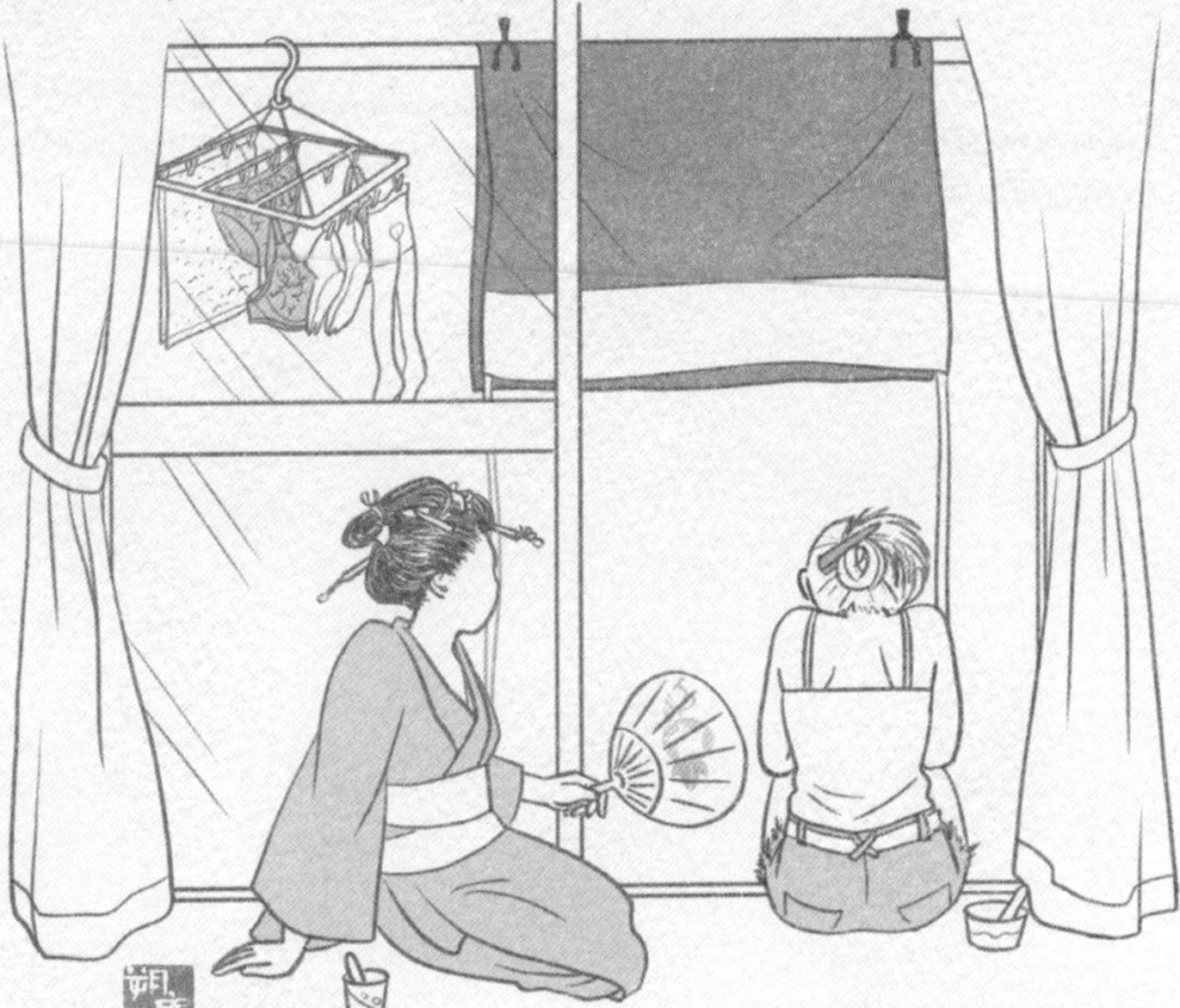

アンダーウェア

湯文字

女性にとっては下着もおしゃれウェアとして欠かせません。見えない部分だからこそ好みの色やデザインを選んで気持ちをアゲる、いわゆる「勝負下着」とはデートの時のみならず。ここぞという時にとっておきの一着を選ぶ楽しみがあります。

江戸時代に「パンツ」がなかったのはご存知だと思います。当時肌につけていたのは「湯文字《ゆもじ》」と呼ばれる、腰からふくらはぎまである布を巻きつけて紐で結んだものです。古来は男女ともにお風呂に入る時は下着をつけたまま入るのが習わしで、湯文字の名前はその名残とも、江戸初期のお風呂で、男性の身体や髪を洗う「湯女《ゆな》」と呼ばれる女性が身につけていたことからとも言われています。ただ、生理の時だけは特別で、褌《ふんどし》のようなものにボロ布や浅草紙（再生紙）を挟んだ「お馬《うま》」と呼ばれる下着

江戸時代、「褌（ふんどし）」や「下帯（したおび）」の語は男女共用でしたが、女性用は「蹴出し（けだし）」「裾よけ」「腰巻」などの他、入浴の際に用いられたことから「湯文字（ゆもじ）」とも呼ばれました。「蹴出し」は装飾性が高く、遊女は緋縮緬（ひぢりめん）を主に、歩く時に着物の裾から見えることを意識したおしゃれを楽しんでいました。

を締めていました。

さらに湯文字の上に、もう一枚似た形の布を巻きつけます。これは「蹴出《けだ》し」「裾《すそ》よけ」と言って現代の着付けでも使われます。着物の裾が痛むのを保護するために考案されたもので、文化頃（一八〇四〜一八一八年）に流行し、緋縮緬《ひぢりめん》や金糸の刺繍をほどこしたものなど「ちょっといいもの」を身につけるようになります。いわゆる「見せ下着」ですね。江戸の女性にとって着物は普段着なので、家事もすればくつろぐ時もあります。うっかり肌着が見えてしまってもいいように、もしくは見える前提でおしゃれを楽しんでいたのでしょう。

もうひとつ、女性下着といえば「ブラジャー」ですが、それに相当するものはありません。形を整える風習もなく、人前で晒すことにも抵抗がなかったようです。余談ですが、春画でも胸の描写は少なく、乳房に触れている絵もそれほど見かけません。平成二八年（二〇一六年）に細見美術館で行われた「春画展」を拝観した時「江戸の男性はオッパイに興味がないのだろうか……？」と大真面目に考えたのを覚えています。もちろん女性の身体は男性のためにあるわけではないですが、当の女性も美点としては考えておらず、男性も興味を持たず、長年放置されていたように思えるのは現代との価値観の違いを感じずにはいられません。

現代女子ちゃんは裸族を許さない

第二〇話

いいニオイだねェ
何だいこれ?
え?あ、香水かな?
香を焚くのとも
匂い袋とも
ちがうねェ
いいねェ
ちょ、近…

いい匂い

香

日本で香が使われ始めたのは六世紀頃、仏教とともに伝わったと考えられています。以降、香木や練り香を用いたり、伏籠や香炉を使って衣服や部屋に香を焚きしめる習慣が、貴族から武家、さらに一般階級へと徐々に広がっていきました。江戸時代には庶民の間や遊廓でも香が使われるようになりましたが、現代のように直接肌につける習慣はありませんでした。

日本人は昔からあまり強い香りを好みません。いまでも日本は欧米に比べて香水の売り上げが少ないそうです。食べ物で言えば、ニンニクは八世紀には日本に入ってきており、薬や強壮剤としては使われていましたが、その強烈な匂いが忌み嫌われ料理に使われることはめったにありませんでした。

ところが近年、強い香りの柔軟剤が流行り出しました。ニンニクも今や調味料としては定番ですし、少しずつですが、日本人の好みも変化しているようです。

日本には仏教文化と共にお香が入ってきましたが、平安時代には宗教儀式以外の場でも香りを楽しむようになります。室町時代に入ると茶道・華道・そして「香道」として確立されていきました。ですが、この時点ではあくまで上流階級の嗜《たしな》みとしてのものでした。江戸時代に入ると武士や風流好きの町人にも広がっていきます。

身につけるタイプの香りとしては、例えば第四話で紹介した香りつきの「歯磨き粉」、第七話で出てくる「伽羅《きゃら》の油」、第一一話に出てくる「花の露《つゆ》」がありますが、どれも香りがメインのものではありません。海外で生まれた香水は、肉の匂いを消したり強い体臭をごまかしたりするために作られた香料にその起源があり、お風呂好きで体臭の少ない日本人には必要なかったのかもしれません。

一方で日本には「香りを移す」という考え方がありました。お香を焚いてその香りを部屋や衣類、髪の毛に焚きしめる「空焚物《そらたきもの》」で香りを楽しみました。

衣服に移す場合は、香炉を逆さまにしたカゴなどで覆い、その上に着物を被せます。枕の中で香が焚ける「香枕《こうまくら》」があれば髪の毛に香りを移すことができます。また、匂い袋をたんすに入れたり、帯に下げて持ち歩いたりしました。控えめな香りはかえって女性らしさを感じさせたかもしれませんね。

江戸末期になると海外の香水が入ってくるようになり、化粧品の洋風化に伴って普及していきます。

橘唐草紋散蒔絵婚礼化粧道具伏籠、
山水蒔絵阿古陀香炉　ポーラ文化研究所所蔵

江戸美人ちゃんは甘い物が大好き。特にチョコ

第二一話

怒るってありえなくね?!
「江戸美人って感じですね」って
最大のほめ言葉なんだけど!!
騒々しいねェ
今度は何だい
会社のパイセンが
切れ長の目でさア
シュッとした
クールビューティーでさア
お前さんの言葉
わかりづらいんだよ

切れ長EYE

和美人

大きくぱっちりとした二重の目、通った鼻筋、ふっくらした唇、すべすべの肌、細いあごの小顔。

今の日本における「美人」といえばこんな感じでしょうか。「美人」の条件は国や時代によっても流行が変わります。では、江戸時代の美人は、今の不美人？　現代女子ちゃんの先輩はそう受け取ったのかもしれませんが、現代女子ちゃんは心から褒めたのでしょう。容姿の良し悪しは個人の好みや自意識でも変わるので、本来はジャッジするものではありませんが……。

江戸時代に好まれた顔は化粧法の文献を読み解いていくとわかります。江戸の美容本『都風俗化粧伝《みやこふうぞくけわいでん》』には美白に関する記述が多く掲載されています。タイトルを拾っ

顔の印象を左右する目。江戸時代は「あまり大き過ぎたるは見苦し」とされ、大きな目を細く見せるメークテクニックがありました。また真っ直ぐ前を見ず、視線を落とすことで、自然とまぶたが下がって目が細く見える仕草も当時の美容本に紹介されています。

てみると「色を白うし光沢《つや》を出だす薬の伝」「色を白うし肌をこまかく光沢《つや》を出だして、玉のごとくならしむる薬の伝」「色を白玉《たま》のごとくにし、肌膚《はだえ》の密理《きめ》をこまかにし、さめ肌をなおす薬の伝」など、色白に加えて肌のきめ細かさもポイントのようですね。

次に重要なのは艶《つや》のあるロングストレートの髪。杉本鉞子『武士の娘』（筑摩書房）によると、癖毛の場合は熱いお湯にビナンカヅラを浸したものと伽羅の油で引っ張っておいてから結い上げたとあります。江戸っ子の好みは切れ長でクールな目元。目を細く見せるメークや、「八分でものを見る」というような目つきのアドバイスも見られます。唇は唇の輪郭より小さく紅をひいていました。いわゆる「おちょぼ口」です。

こうして見ると、全体的におしとやかで控えめながらも芯のある女性像が浮かんできます。顔の造作を見ているようで、実は性格的な部分を見ているのかもしれません。現代でも、少し前まではかわいらしい、守ってあげたくなるような外見が好まれましたが、だんだんと活動的で自分の意見を持っているようなはっきりとした顔つきの女性が支持されているように思います。時代の空気によって最も求められている女性像、それが美人の条件なのでしょう。いずれは多様性の世の中になっていくにつれて、誰もが思う「美人像」というものはなくなっていくのかもしれません。

せっかく話題のレトロカフェに行ったのに～

第二二話

変じゃね？
大丈夫？
オヤ
似あうじゃないか
今どきの着物も
悪くないねェ
んじゃ結婚式
行ってくるね
あいよ

およばれ

ゆったり着付け

江戸時代は、現代の着物のルーツである「小袖」が日常着として定着していました。この頃家の中では、裾を引きずった状態で着るのが一般的で、現代のように帯の下で着物をはしょる着方は外出の時だけでした。

現代女子ちゃんの着物姿、キマッてますね。現代の着物は補正をしてきっちり着るのが一般的ですが、日常着だった頃の着物は今よりもゆったりと着ていました。幕末・明治頃の写真を見ると、半襟が大きく出ていたり、襟の抜きが浅かったり、人によって着方も違っているのがわかります。普段着でもあり、着方に厳格な「ルール」は存在せず、もっと気楽に着ていたんですね。

江戸美人ちゃんは普段どのように過ごしているのか、少し見てみることにしましょう。

たとえば家事をするときは、襷《たすき》掛けをするなどして袖が邪魔にならないようにします。家の中でくつろぐときは片足を立てて座ることもありますし、お昼寝のときは帯を解いたり、くるりと前帯にしたり。暑いときは襟元をぐっと広げることもありますし、冬は着物を重ね着しています。家の中では裾をひきずっていますが、外出時は着物を引き上げて紐でしばる「おはしょり」をします。着物を着た状態ではしょるので、今のおはしょりとは手順が違います。外出先で雨に降られたときは、裾をからげて帯の上から挟み、長襦袢をはみ出させて帰ってきます。

今の着物のイメージからは想像できませんが、私たちの日常と比べてどうでしょうか。洗い物のときは袖をまくり、家の中ではゴロゴロ。夏はキャミソール一枚で過ごすこともあるでしょう。それと同じなのです。

筆者は着物を普段着の一部として楽しんでいますが、かっちりとした着方をしていたらすぐに疲れてしまいます。着慣れてくると着物でもくつろげるようになりますし、着崩れしにくい動作も身につきます。これらのゆったり着付けは浮世絵や、幕末・明治の写真で見ることができます。

今とは見た目が違う
「おはしょり」

帯の間に着物を挟み、
引き上げる方法も

（右）鈴木春信「見立八つ橋」（部分）ColBase
（左）鈴木春信「雨夜の宮詣で」（部分）
東京国立博物館蔵／TNM Image Archives

現代女子ちゃんはいつもより濡れちゃった

第二三話

どうだい？
…ゴメン、やっぱ未亡人のユーレイはやめようか
なんでサァハロエンってのやるんだろ
やるよ！やるけどさ歯がマックロで!!こわいデス!!
ニタア
ひ――
HALLOWEEN

本気のハロウィン

お歯黒

江戸時代、女性は結婚に前後して歯を黒く染めました。そして出産すると眉を剃る習慣があったため、お歯黒と眉剃りは既婚女性の象徴でした。明治時代になると、来日外国人に奇異な風習とみられたこともあり、華族に対するお歯黒と眉剃りの禁止令が出されました。

昔の習慣は、今見ると奇妙に見えるものも少なくないですが「お歯黒」もそのうちの一つでしょう。江戸時代、男性の元服は前髪を落として髷を結いますが、女性の場合は丸髷に結い直し、歯を染めて眉を剃ります。女性は結婚のタイミングで元服をしましたが、未婚でも二〇歳ごろになると元服をしたようで、京阪よりは江戸の方が早い段階でお歯黒をしていたそうです。

お歯黒をすることを「鉄漿《かね》つけ」とも言い、初めてのお歯黒「初鉄漿《はつかね》」の時は、鉄《か》漿《ね》親《おや》と呼ばれるお歯黒を施す年配の女性が立ち会います。元服する女性はお歯黒に使う「鉄漿水《かねみず》」を近所の家を七軒廻ってもらってきます。それが終わると、お礼の挨拶をしに再び近所の家を訪れます。お歯黒や眉剃りをすると顔の雰囲気が変わるので、お披露目も兼ねていたのでしょう。

鉄漿水とは、沸かしたお茶に古鉄や米屑、酢などを入れ発酵させたもの。黒くドロドロとしており、臭いも強烈でした。鉄漿壺《かねつぼ》に保管され、使うときは竈《かま》でいったん温め、耳盥《みみだらい》に入れた水で冷まします。五倍子粉《ふしこ》という、白膠木《ぬるで》に出来る虫こぶを粉末にしたものを用意し、それらをお歯黒筆を使って交互に歯に塗っていきます。筆は房楊《ふさよう》枝《じ》や鳥の羽で作った羽楊枝《はねようじ》が使われます。

お歯黒は二〜三日はもったようですが、毎日つけ直すのが女性のたしなみとされていました。鉄漿水に含まれる酢酸第一鉄、五倍子粉に含まれるタンニンは虫歯予防にもなるので、お歯黒は実用的なおしゃれでもあったのです。

とある展示で、ほの暗い室内に置かれた、白粉とお歯黒を施した人形を観たことがありますが、ぽっかりと穴があいたような口元は妖しげで、妙な色気を感じたのを覚えています。

庶民用お歯黒道具　ポーラ文化研究所所蔵

商店街ハロウィン
コスプレコンテスト
へー
すぐ参加できますよー
うらめし～
はがくろーい
さんかくのなあに?
わらわら
その髪本物っすか
ケーブルテレビです
目線くださーい
もらっちゃった
よかったじゃん
1位

賞品はパンプキンパイとなべつかみでした

第二四話

詰んだ
化粧ポーチ忘れた
しょうがないねェ
これお使いよ
やさしみ〜
えっ何コレ？
あんの？こんなの
江戸すゲー
いいからホラ
早くしとくれ

化粧ポーチ

化粧直し

外出先で化粧直しをしようとして、化粧ポーチを家に置いてきたと気づいたときの絶望感。慌ててコンビニやドラッグストアに駆け込んだ経験は、メークしている方には誰にでもあると思います。

江戸の女性も外出時には化粧品を携帯しています。「懐中鏡入《かいちゅうかがみい》れ」と呼ばれる入れ物に入れて着物に挟んで持ち歩きました。ですが、江戸時代の化粧品や化粧道具って現代のものに比べると陶器だったり大きかったりで、持ち歩きづらそうですよね。

ちょっと江戸美人ちゃんに見せてもらいましょうか。入れ物は二つ折り財布くらい。開くと四角い鏡がセットされており、小さな櫛と楊枝《ようじ》。楊枝は現代で例えると携帯歯ブラシの代わりです。二つ折りの板のようなものは「紅板《べにいた》」と言って中に紅が塗

紅は、リップやチーク、アイシャドウにも使われた江戸時代のマルチアイテム。いつでも化粧直しができるよう、「紅板（べにいた）」という携帯用の紅入れが使われていました。中には、筆先が収納できる紅筆に加えて白粉や白粉刷毛が一緒になったものもあり、とても実用的でした。

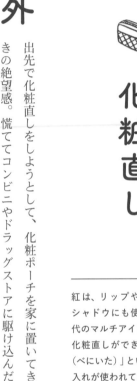

られており、いわゆるリップパレットです。あとは小さな刷毛と白粉包み。これだけあれば外出中の化粧直しもバッチリです。このように、携帯専用の道具や入れ物があったので、コンパクトに持ち歩くことができました。

また、懐中鏡入れ自体が傷まないように普段は懐紙で巻いていました。その上から金属の鎖で止めて、留め金の飾りを襟元から垂らした姿を浮世絵で見ることができます。

懐中化粧道具の中でも特にデザイン性が高いのが紅板です。素材は紙、木、金属、高級なものでは象牙《ぞうげ》、鼈甲《べっこう》などで、形も四角だけでなく、丸いものや刀の鍔《つば》、将棋の駒などさまざま。表面には花や動物、風景などが描かれていました。紅板自体に紅筆をセットできるものや、他の化粧道具も入れられる構造のものもあり、さらにコンパクトに携帯することが可能です。

その愛らしいデザインは美へのモチベーションにつながります。「それ、可愛いね！」と言い合って、きっと今の女性と変わらないやりとりをしていたのだと思うと、ますます江戸が身近に感じられます。

懐紙入れ、紅板　ポーラ文化研究所所蔵

おまわりさんは時代劇の大ファンで、
鬼平にあこがれて警察官になった

第二五話

ちょいと!! ここに
リモコンやらスマホやら
入れるの
やめとくれよ!!
あーごめんごめん
火を使うんだ
危ないから
言ってんだよ
あー
わかったわかった
…お前さん
聞いてないね

火の用心

喫煙具

日本における喫煙の風習は、慶長（1596 〜 1615年）頃から広まったと考えられています。煙管（きせる）やたばこ入れ、火入れ、灰落としなどの喫煙具を集めて載せたものを「たばこ盆」といいます。しだいに様々な形のものが作られるようになりますが、平たい盆から始まったため「たばこ盆」と呼ばれました。

たばこは今や健康被害やマナーの問題がクローズアップされ、喫煙者には肩身の狭い時代ですが、煙をくゆらす姿にはどことなく色気があり、少し前まではキャラクターを表す小道具として映画や小説でもたびたび登場しました。

たばこが日本に伝わったのは戦国時代で、江戸文化のはじまりと共に一般的に広がっていきます。女性の喫煙率はそれほど高くはありませんでしたが、「百人のうち吸わないのは二〜三人」との記述があるほどの定着ぶり。これは、娯楽が少ない時代の嗜好品だということもありますが、喫煙具がおしゃれ小物として発展したことも理由のひとつではないかと思います。

当時の日本のたばこは今のような紙巻ではなく、刻みたばこを煙管《きせる》の雁首《がんくび》につめて吸います。煙管のデザインは時代や好みによってさまざまで、例えば江戸時代初期の「傾奇者《かぶきもの》」と呼ばれる、派手な身なりをしてのし歩く無法者集団は、武器にもなる大きくて丈夫な煙管を好みました。一方、遊女はほっそりと長い煙管を優雅に持ち、雁首でお客の袖口をひっかけたり、口をつけた煙草を気になるお相手に差し出したりと、男女の駆け引きに使いました。歌舞伎では、煙管の持ち方や吸い方でキャラクターを表現しています。吸い方ひとつにもこだわり、見た目の格好良さも追及しました。

現代女子ちゃんがスマホを入れて怒られたのは、家の中でたばこを吸うときに使う「たばこ盆」と呼ばれる喫煙セットです。専用のお盆には持ち手がついたものもあり、火種を入れた「火入れ」、吸ったあとの灰を落とす「灰入れ」、刻みたばこは蓋つきの入れ物か、引き出しがあればそちらに入れることもありました。外出時は携帯用の「たばこ入れ」に煙管と刻みたばこを入れて持ち歩きます。これら「煙管」「たばこ盆」「たばこ入れ」は今でいう腕時計やスマホカバーのようなもので、個人のステイタスやセンスの見せどころ。趣向を凝らしたデザインは、今でも色褪せない職人魂が集約された逸品です。

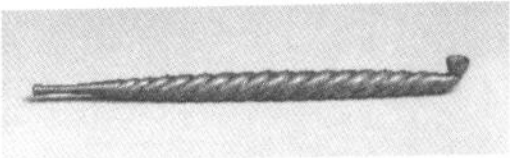

上から……キセル（手綱《たづな》形のきせる（江戸後期））／たばこ盆（風覆《かざおおい》手付きたばこ盆）／たばこ入れ（提《さ》げ）　たばこと塩の博物館提供

たばこを刻む職人を「賃粉切り」と言う。

さて、何と読むでしょう？

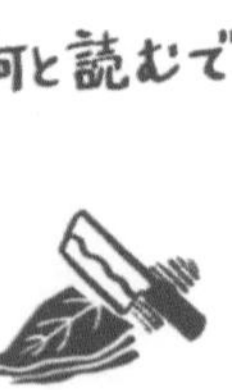

答え：ちんこきり

第二六話

ねえ
こういう髪型は
しないの？

しないよォ
古臭いじゃないか

古いとかそういうの
あるんだ

お前さんだって
バブルのトサカヘアー
しないだろ

ちょっとマテ
どこで覚えてきた

流行ヘア

髪型の変遷

ひとくちに江戸時代と言ってもその期間は二六〇年あまり、戦が終わったばかりの江戸初期、文化が育った中～後期、外国からの干渉がはじまる幕末期では世相も違い、それらは江戸の人々のファッションやヘアメークにも影響を与えました。

結髪《けっぱつ》が始まった頃のぐるぐる巻いて留めるだけの簡単な髪型が、やがて「前髪」「鬢《びん》（両サイドの髪）」「髱《たぼ》（うしろ髪）」「髷《まげ》」とブロック分けされるようになり、日本髪の基本の形が出来上がります。最初はそれほど特徴はありませんでしたが、元禄（一六八八～一七〇四年）ごろに細長くカーブを描いた「かもめ髱」が出現します。これは宝暦、明和期（一七五一～一七七二年）に島田髷とセットで未婚女性の髪型として流行し、鈴木春信が描いたことから「春信風島田《はるのぶふうしまだ》」と呼ばれています。

日本髪は前髪、両サイドの鬢（びん）、後頭部から襟足にかけての髱（たぼ）、束ねた髪を折り曲げた髷（まげ）という四つのパートからつくられています。数百とされる日本髪のバリエーションは、それぞれのパートの大きさや形の組み合わせでできており、鬢や髱が特徴的な髪型の流行も生まれました。

江戸中期の代表的なヘアスタイルと言えば喜多川歌麿の浮世絵に数多く登場する「灯籠鬢《とうろうびん》」です。髷が小さくなり、代わりに大きく左右に張り出した鬢が透けて見えるほどに整えられ、髷も大きくなりました。

後期になると比較的コンパクトにまとめられ、髷の種類が格段に増えます。また、髪飾りも増え、遊女の髪型には時代劇でおなじみの絢爛豪華なヘアスタイルが登場します。

江戸時代は身分によって決まりがありました。公家方や大奥では正式な場では髪型を垂らした「下げ髪」になるのですが、普段は「笄《こうがい》一本でさっと結い上げ、いざという時にはすぐに下げ髪ができる」という前提で髷を結っていました。武家と町方は同じ髪でも武家は髷を高く、町方はやや下で結うなど好みが分かれ、町方が粋とされました。男性の話になりますが、町方同心は市井の人々と交流することが多かったので、町人髷のように髷をややゆるめに結うなど町方寄りのヘアスタイルを好んだようです。

時代劇などを観ていると、江戸前期の話なのに後期の髪型や着付けだったり、登場人物の髪型にあまりバリエーションがなかったりすることも多いので（これは予算の都合もあると思いますが）どの時代も同じように見えてしまいますが、本来はさまざまな形のある日本髪。たくさんの制約がある中でも楽しんでいたことがわかります。

江戸美人ちゃんもたまに現代女子ちゃんの口調がうつる

第二七話

洗い張りしなくて
いいなんて楽だねェ
本当にもらっちまって
いいのかい？
いいよー
いいよいいよー
こっち目線
くださーい
あたしも何か
返さないとねェ
笑顔を!!
笑顔をくださいませ!!

サステナブルファッション

着物のお手入れ

着物をほどいて水洗いし、針のついた竹ひごや張り板を使って生地を伸ばしながら乾かすことを「洗い張り」といいます。縫い目の汚れがすっきり落ちるだけでなく、仕立て直す際に、寸法や裏地を変えたり、中に綿を入れることもできました。江戸時代、布は貴重品だったため、着物を長く着るために様々な工夫をしていました。

現代では、着物というときちんとした場所に着ていく「高級品」というイメージがあります。季節に応じた着方や柄合わせ、なにより着付けのハードルの高さ。ですが、戦前くらいまでは着物を日常着とする文化が残っていました。

とはいえ、気軽に増やせるものでもなかったようです。着物を一枚仕立てるには、糸を紡ぎ、染め、織り、着物に縫い上げ……と、とても手間がかかります。また、今のように物が豊富ではなかった時代、原材料も限られていますので、素材が何であれ大切に扱っていました。ほどいて一枚布の状態にしてから洗う「洗い張り」は手間がかかりますが、布目にたまったほこりを落とし、傷んだ部分を取り替えたりすることで長持ちさせることができました。

バラバラにした布を見ると、平面的な四角い布の形をしています。これはリユースすることが前提になっており、無駄が出ないようにするためです。袖や裾部分が傷んでいればカットして詰めたり、子どものお下がりに縫いちぢめることもできます。着物全体が傷んでくると、寝巻きにしたり、バラしてふきんや雑巾、子どものおむつ、最後は竈《かまど》の焚きつけにして一生を終えます。また、財産としての価値があったので、質に入れたり売ったりすることもできました。一般庶民は着物を誂《あつら》える機会は少なく、基本は古着を買っていました。

着物の一番の良さと言えば、少々の体型の変化や流行を気にせず着られることだと思います。一〇年前に買ったものがきつくて入らない、なんていうこともないですし、基本の形は変わらないので定番の色柄であれば長く楽しむことができます。現代でも、成人式で古風な振袖を見かけることがありますが、聞けばお母様やお祖母様から譲ってもらったということも。お手入れをして次の代に受け継ぐこともできれば、ボロボロになるまでとことん付き合うことができるのもまた着物なのです。

江戸美人ちゃんがもらった着物はポリエステル製の「洗える着物」。洗い張りもしなくていいので普段使いとしてどんどん着られます。いつも大変そうだなと思っていたので、ちょっとラクしてほしいと思った現代女子ちゃんなのでした。

江戸時代の乙姫さまは
こんな感じのレース着物を着ているよ

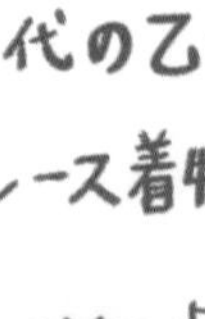

第二八話

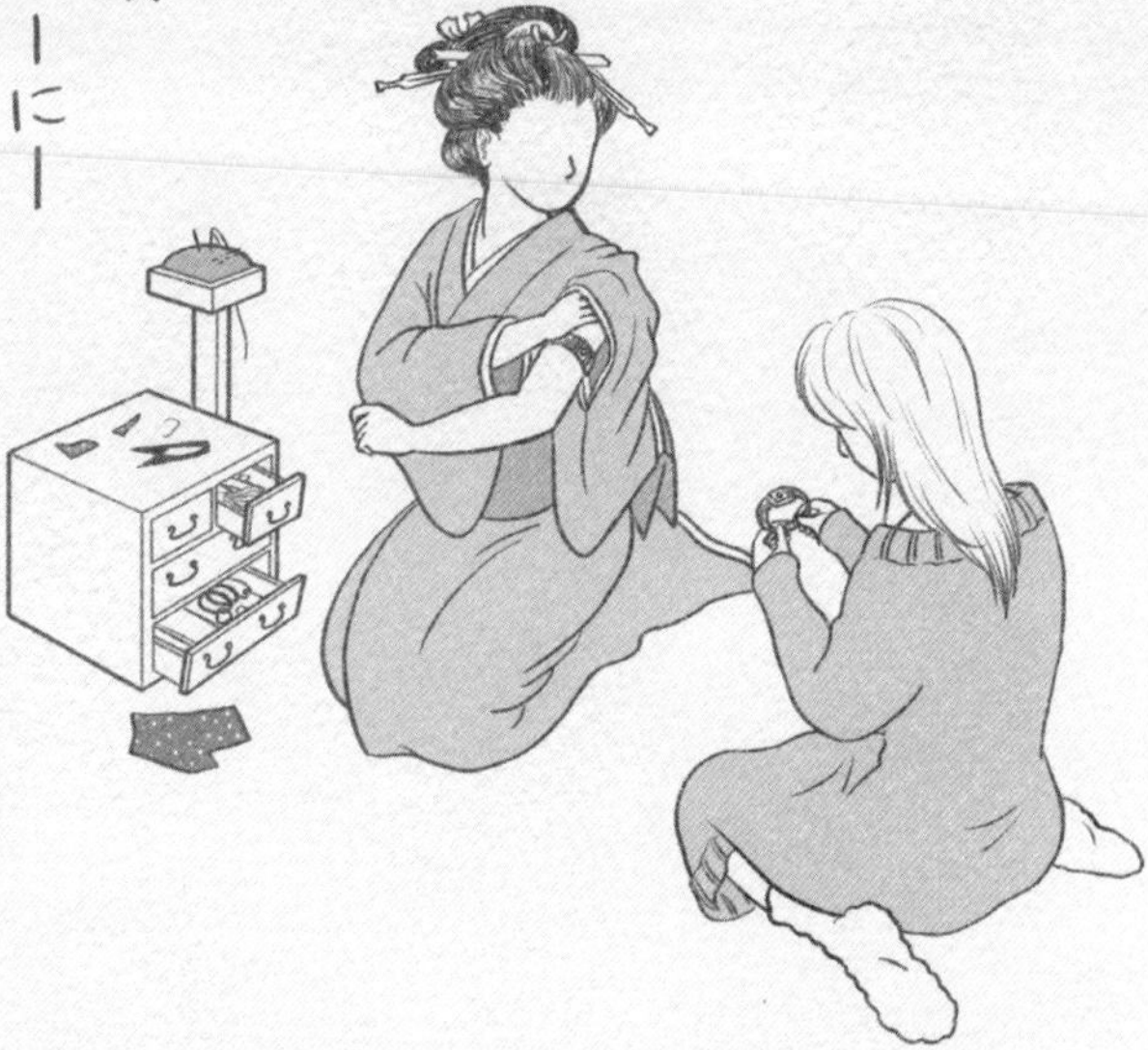
エッ　お守り？
私に？
この間くれた
着物のお礼にサ
ホラこうやって腕に
おそろいじゃん!!
おそろいじゃん!!
大事なことなので2か
しーずーかーにーー
おーしーー

腕守り

お守り

「今度のお休み、寺行かね?」という女子高生は珍しいと思いますが、神社仏閣は江戸っ子の人気の行楽スポットでした。ご利益はあるし、出店もあってにぎやかだし、なによりお参りを口実に遊びに行くことができるからです。そんな寺社で手に入る「お守り」は、医学が発達していない時代には今以上に大切なものでした。

特に、ささいなことで命を落としやすい子どもにとって、お守りは必須アイテムです。当時、病魔は無防備な背中から入ってくると信じられており、子どもの着物には「背守《せまも》り」を縫い付けました。家紋のほか「六芒星《ろくぼうせい》」などの魔除けや縁起物が好まれました。それ以外にも日傘にぶらさげたり、お守りの人形を持たせせました。

このように、肌身離さず持ち歩くものだということもあってか、お守りはファッ

江戸時代の装身具のひとつに、二の腕につける「腕守り」があります。ビロードなどの布地を輪にして、金具で止めるつくりになっていました。お守り入れや香料入れも兼ねており、男女共に身につけました。

ションアイテムとしての側面も持っていました。メジャーなのは「掛守り《かけまも》」です。小さな袋に神社のお札などを入れ、ひもをつけて首から掛け、着物の表には出しません。いなせな男衆はひも部分に鎖を使い、袋の形もこだわりました。女性は円筒状で細長く、両側に巾着口のある「胸守り《むねまも》」を衣服の上から掛けます。

「腕守り《うでまも》」は嘉永（一八四八～一八五五年）頃に男性がつけはじめたようですが、最初はお守りを凹みのある板状のものに入れ、ひもでくくった簡素なものでした。安政期（一八五四～一八六〇年）には女性が身につけている姿が浮世絵に描かれていますが、こちらは布製で、お守りを縫い込んで輪っかにしたものを左の二の腕あたりに金具を使って止めています。素材は縮緬やビロードなどで、おしゃれの一環として楽しんでいたことがわかります。普段は袖で隠れていますので、好きな人やお友達とお揃いで作ることもあったのではないでしょうか。お守り袋の中には寺社のお札だけでなく、遺骨や個人にとって大切なものを入れることもあったようです。

守巾着
腰に下げる
現在のお守りの
原型
掛守り・胸守り
首にかけて
着衣の上または
下にさげる
背守り
子供着の
背中に
ぬいつける
腕守り
紐や金具で
二の腕に
とめる

昭和のペアルックにあこがれてる現代女子ちゃん

第二九話

Now on Sale
新発売
ねえまだ撮んの？
恥ずいんだけど
何言ってンだィ
せっかく同じ髪かたちにしたんじゃないか
パシャシャシャシャシャシャシャシャ
あーもう連写になってっし

なりきりメーク

ファッションリーダー

江戸時代、女性たちのファッションリーダーは遊女と歌舞伎俳優でした。人気の遊女や歌舞伎俳優を描いた浮世絵などを通じ、最新流行のメークや化粧品、髪型が庶民へと広がっていきました。

きれいになりたい、おしゃれになりたいと思う時、現代なら、まずはファッション雑誌を買ったり、SNSで活躍しているファッショニスタの投稿を参考にしたりするでしょう。「モデルの○○さん愛用！」と言われれば、同じものを使うことで少しでもそのモデルさんに近づけるような気がします。

江戸時代のファッションリーダーといえば、まずは歌舞伎役者です。当時は女性が演じることは禁じられていましたが、女形と呼ばれる男性が女性の役をすることで、かえって女らしさが強調され、役柄に応じて誂えた着物や帯結び、髪型などが、そのつど流行しました。有名なところでは、二代目瀬川菊之丞《せがわきくのじょう》（一七四一～一七七三年）は当時の人気役者でしたが、俳名である「路考《ろこう》」から名前を取った「路考茶《ろこうちゃ》」という色が流行ったり、お芝居の最中にうっかりほどけた帯をさっと結んだその形に「路考結《ろこうむすび》」と名前がついて、若い娘がこぞって真似をしたという逸話があり、人気女優とそのファンそのままです。第一四話で紹介した白粉「美艶仙女香」も、ファン心理を巧みに利用した商品のひとつです。

一方で、吉原に代表される遊女たちの着姿もまた、流行を作っていきました。上級遊女は立ち居振る舞いが美しいだけでなく、芸も達者で一般の女性たちにとっても憧れの存在だったのです。人気のある遊女は美人画（ブロマイド）になって街中で売られます。ブロマイドはお店の宣伝のほか、呉服屋とのタイアップを兼ねていることもあり、江戸から地方へのお土産としても人気がありました。

（上）鳥居清満「二代目瀬川菊之丞の勘平女ぼうお軽」　ColBase
（下）渓斎英泉「婦嬔美多意」（部分）
ポーラ文化研究所所蔵

江戸美人ちゃんはググれるしフリック入力もできるのだ

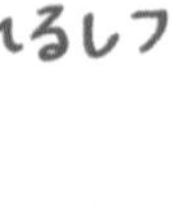

第三〇話

かんざしの使い道

うーん
どこやったかなァ
耳かきかい？
これお使いよ
それ かんざしじゃやね？
こうやって使うのさ
え――っ?!
頭もかけるよ
ええ――っ?!

耳かき付き簪《かんざし》

簪（かんざし）の中には、耳かきのように先端がヘラ状になったものがあります。実際に耳かきとして用いられると同時に、幕府による奢侈（しゃし）禁止令から逃れるための建前でもありました。

髪飾りが実用品から変化したというのは第一八話の通りですが、耳かき付き簪《かんざし》のはじまりは貞享期（一六八四〜一六八八年）。江戸前期の公家である高橋《たかはし》宗恒《むねつね》という人物が発案し、大流行したのがはじまりです。

江戸後期に風俗を綴った『守貞謾稿《もりさだまんこう》』には「上耳かき、下は髪かきに作りたる簪は、この形を始めとす」との記述があり、耳かきだけではなく、地肌を掻くためにも使われていたようです。それまでも丸くひらべったい「平打ち簪」や団扇の形をしたものはありましたが、耳かき付き簪が流行したのをきっかけに、笄《こうがい》との住み分けが進んでいきます。

簪は「前挿し」「後ろ挿し」など挿す位置にバリエーションが出てきて日本髪をさ

らに立体的な造形にしました。デザインも多種多様になり、季節の花や動物、縁起物などの銀細工や、珊瑚・翡翠などの玉が使われるようになります。簪自体も鼈甲《べっこう》や象牙などの高級品から安価な動物の骨まであり、それぞれの好みや暮らしぶりに合わせて楽しみました。

一方、耳かきの部分は形骸化していき、次第にサイズが大きくなります。京阪では上部のカーブをカットしたようなデザインのものが好まれるようになりました。宝暦期（一七五一～一七六四年）になると簪の先の方に細い鎖をつけ、細工物をぶらさげるようになります。ゆらゆらとゆれる簪は今みても繊細でかわいらしく、江戸後期には鎖や細長い銀の板を何本も下げた「びらびら簪」が流行します。

一方、笄も簪に影響を受け、両側に銀細工などをあしらった装飾性の高いものが作られるようになります。同じデザインの簪二本を左右から髷に挿し込み、中で止めて一本にする「両天簪《りょうてんかんざし》」は、名前は簪でも笄の位置づけです。豪華な飾りがついたものもあり、裕福な家の日本髪を飾っていました。簪職人の手によって精巧に作られた簪は、髪に宿る小さな美術品とも言えます。

耳かき付き簪
ポーラ文化研究所所蔵

細長くてかわいいものはだいたい
江戸美人ちゃんのかんざし

第三一話

ちょいと！
それで髪を梳くのは
やめとくれよ
壊れるじゃないか

えっあっ
ごめ……

早く返しておくれ

んん〜〜
ど〜しよっかなァ〜〜

見せるため

飾り櫛《くし》

櫛はそもそも髪を「梳（す）く」ための道具でしたが、髪型が技巧的になるにつれて実用品から装飾品へと役割を変え、繊細で意匠を凝らした飾り櫛が作られるようになりました。

「髪は女の命」という言葉がありますが、古来よりその命を梳《す》く櫛には不思議な力が宿ると考えられていました。そのため、人々は実用品として使う一方、最も身近な「魔除け」としても櫛を身につけていました。「落ちてる櫛を拾ってはいけない（櫛＝苦死《クシ》で、苦を拾う）」「櫛が折れると不吉なことが起きる」など、櫛に関するジンクスもたくさん残っています。

「飾り櫛」として一般的に扱われるようになったのは江戸時代に入り、結髪《けっぱつ》が盛んになった頃からです。最初は上方の遊女が「挿し櫛」をするようになり、やがて一般に浸透していきました。素材は「柘植《つげ》の櫛」が有名ですが、鼈甲《べっこう》や象牙、蒔絵《まきえ》をほどこしたものやビードロ（ガラス）を使ったものもあります。これらもやはり、時期によって流行り廃《すた》りがありました。例えば、「鼈甲」ならば江戸時代の価値観では飴のように透き通ったものほど良いとされていました。が、それよりランクの下がる「斑《ふ》」と呼ばれる黒い斑点が入っているものが流行った時期があり、その頃は人気の遊女なども斑入りの櫛簪をつけていました。また、牛や馬の爪を使って鼈甲そっくりに作られたリーズナブルなものもあり、懐具合に合わせておしゃれを楽しんでいたようです。

櫛の形や大きさも時代によって変化していきますが、本来髪を梳《す》くはずの歯の部分が狭くなり、広い面積で蒔絵や彫刻を施せるようになりました。

文政六年（一八二三年）出版の『今様櫛きん雛形《ひながた》』は葛飾北斎による櫛と煙管の図案集で、全三冊のうち二冊が櫛で占められています。四季折々の風景や植物、人々の様子が精巧にデザインされています。

ちなみに、江戸時代にはプロポーズで男性から女性に櫛を送る習慣がありました。「『苦《く》』労も多いが『死《し》』ぬまで添い遂げよう」という意味だそう。新妻の髪にちょこんと挿された櫛を、江戸っ子男子はどんな気持ちで眺めていたのでしょうね。

歌川豊国「新吉原江戸町 玉屋内朝妻・花紫・誰袖」（部分）　ポーラ文化研究所所蔵

指輪は全部プロポーズだと思ってる江戸美人ちゃん

第三二話

待っとくれよ
たしかに持って
きたんだけどねェ

ないならいいよ
…ってかめっちゃ
荷物出てくるね？
手ぶらだったよね確か

ウェアラブル？

小物入れ

江戸時代、懐紙（かいし）や化粧品などを持ち歩くのに使われたのが箱迫（はこせこ）や袂（たもと）落としです。着物の中で、二つの物入れをつないだ紐を首にかけて用いる袂落としは、左右の袖から物が簡単に取り出せる便利品でした。

文化二年（一八〇五年）の神田今川橋から日本橋までの約七町（約七六〇メートル）を横スクロールで描いた『熈代勝覧《きだいしょうらん》』という巻物があります。びっしりと並んだお店の通りを大勢の江戸っ子が行き交う姿を眺めていると、今にも当時の喧騒が聞こえてくるような気がしてワクワクします。

女性も結構外出していたようで、親子連れや複数人で連れ立って歩く様子が描かれているのですが、よくよく見ると、手ぶらの人がたくさんいます。お供の人がいたり、大きなものを風呂敷包みにしている人や巾着袋を持っている人はいますが、「おしゃれして日本橋に遊びに来ました」と言った感じのご婦人も手ぶらの様子。他の浮世絵でも、物見遊山などで外出している女性が荷物を持っている姿はあまり描かれていないのです。今に比べて普段の持ち物が少なかったとはいえ、財布や化粧道具くらいは持ち歩いていたはずです。当時の人々はどうしていたのでしょうか。

着物を日常着にすると気がつくことなのですが、着物には「隠しポケット」がいっぱいあります。襟元、帯の間、お太鼓の中、袂《たもと》などに交通系ICカードやスマホ、手ぬぐいなどを入れておくと、いちいちバッグをゴソゴソしなくてもさっと取り出せて便利です。江戸美人ちゃんの場合、こまごましたものは「箱迫《はこせこ》」と呼ばれる小物入れにまとめて胸元に挿しています。第二四話で出てきた「懐中鏡入れ」もこの箱迫のひとつ。胸元からチラ見せさせるおしゃれアイテムでもありました。

少し荷物が多い時は「袂落《たもとお》とし」を使うことがありました。これは、ポストカードくらいのサイズの袋二つを紐でつないだもので、首にかけて着物の下で左右に振り分けます。袂の下に隠れるので表からは見えません。当時はこんなふうに着物の「隠しポケット」をうまく活用することが多く、手荷物を持つこと自体あまり好まれなかったようです。

少し本題からそれますが、着物の襟などにお金を縫いこんでヘソクリやいざという時の命金にする、ということがあったようで、リサイクル着物のショップに持ち込まれる古着には、たまにお金や手紙のようなものが出てくることがあるのだそうですよ。

江戸美人ちゃんの探し物はだいたい着物のどこかにある

第三三話

好きな色おしえて

んー
お納戸《なんど》色かねェー

なンそれ
もっと赤とか緑とか
ないの

…梅幸茶《ばいこうちゃ》もいいねェ

そんなん
カラー診断
できないじゃん

カラー診断

江戸の色使い

江戸時代の身分社会において、庶民の贅沢なファッションは禁止されていました。素材や色柄にも様々な制約がある中で「四十八茶百鼠」などの色使いが生まれ、庶民は地味な色をバリエーションの変化で楽しみました。

大阪は派手好み、東京は渋好みと言われます。大阪の衣料店に行くと原色や大きな柄物、ラメなどを使った服が並べられ、道ゆく人のヘアメークやアクセサリーも少々派手に感じます。

江戸時代、さまざまな文化はまず京阪で流行り、やがて江戸に下っていきました。初期の頃は江戸の衣装や髪型も上方の真似をして派手なものが好まれていましたが、たびたび出されていた「奢侈禁止令《しゃしきんしれい》」により美麗な衣装は徐々になりをひそめていきます。

しかし、そこで諦めないのが江戸っ子です。質素な木綿の着物の裏地に絹を使ったり、地味な色の着物の中着に派手な柄物を合わせたり、一見無地のようで、よく見ると細かい柄が入っていたり。

そうやって、見えない部分に手間とお金をかけておしゃれを楽しんでいました。

庶民が着ても良いとされた色は「茶色・鼠色・藍色」でしたが、この範囲でわずかな色の違いを楽しみ「お納戸色《なんどいろ》」「瓶覗《かめのぞき》」などの名前をつけて染め分けたものを「四十八茶百鼠《しじゅうはっちゃひゃくねずみ》」と呼びました。厳密に一四八色だったわけではなく、たくさんの色があるという意味で、人気の歌舞伎役者からその名を冠した「路考茶《ろこうちゃ》」「芝翫茶《しかんちゃ》」なども含まれます。

奢侈禁止令は江戸界隈だけに出されたものではないですが、幕府から物理的に距離のある京阪では規制がゆるく、そうこうしているうちに東と西で好みの差が生まれ、それが現代にも受け継がれているということです。

日本の伝統色の名前は一つひとつに由来があります。例えば前述した「瓶覗《かめのぞき》」は、藍染の染料を入れた藍瓶《あいがめ》にちょっと浸しただけの色という意味で、非常に薄い水色のこと。染色用語で「白殺し」とも言い、わずかな青みがつくことで、より一層白味を引き立たせます。単に色の濃淡を示すだけではなく、当時の暮らしや出来事を想像させるものが多いのも特徴です。

この色を四十八茶百鼠で表すと、「団十郎茶」に近い

店員ちゃんは江戸美人ちゃんの
推しカラーが入ると連絡をくれる

第三四話

何やってんの
着物の綿抜きだよ
もう暖かいしねェ
そんなメンドイこと
しなくても
私があげた
着物があんじゃん
腕がなまったら
戻った時に困るだろ
戻る?
えっ戻る?

冬から春へ

衣替え

「四月一（朔）日」と書いて「わたぬき」と読むのをご存知でしょうか。江戸時代、冬の間に着物や羽織に入れていた綿を四月一日に抜いていたことからの当て字なのだそうです。

衣替えの風習は、日本では平安時代からありました。年二回の宮中行事だったものが、江戸時代に入り武家社会の制度として年四回と定められ、やがてこれが一般庶民にも広がっていきます。今は、衣替えの日程をきっちり決めて行うご家庭はまれだと思いますが、当時は季節の行事感覚で一斉に行われていました。

四月一日～五月四日　袷《あわせ》（裏地つきの着物）

五月五日～八月三一日　単《ひとえ》（裏地なしの絹の着物）、帷子《かたびら》（裏地なしの麻や紗の着物）

江戸時代は年に４回衣替えを行っていました。特に寒い９月から３月にかけては袷（あわせ）の表地と裏地の間に薄綿を入れて「綿入れ」として着用し、４月になると綿を抜いて再び袷にしていました。

九月一日～九月八日　袷（裏地つきの着物）
九月九日～三月三一日　綿入《わたい》れ（袷の間に綿を入れた着物）
※いずれも旧暦

江戸時代の衣替えは単純に夏物と冬物を入れ替えるだけではなく、同じ着物を次の季節に合わせて縫い直さなければなりません。『守貞謾稿《もりさだまんこう》』によりますと、「袷の着物をほどいて表地と裏地で二枚の単を作り、夏はそれを着回す（意訳）」とあり、一枚の着物を季節ごとにうまく使い分けていたことが記されています。

現在、学校や制服のある会社では六月と一〇月（※地域により若干の差がありま す）に衣替えをすることが多いですが、これは明治から新暦になり、軍人が洋服を着るようになったことから改めて年二回に制定され、民間がそれに習いました。

一方、現代着物にも衣替えの目安があります。

六月一日～六月三〇日　単（裏地なしの着物）
七月一日～八月三一日　薄物（絽や紗などの夏着物）
九月一日～九月三〇日　単（裏地なしの着物）
一〇月一日～五月三一日　袷（裏地つきの着物）

「衣替え」や「綿ぬき」は俳句の世界では夏の季語。まだ肌寒い中にも、あっという間にやってくる夏を想像しながらせっせと綿を抜いていたのでしょうね。

現代女子ちゃんがいない時はチンすればOK!

第三五話

お化粧ごっこ

エエト〃この鼻の上は、
顔の化粧《みじまい》よりおしろいを
こくぬるべし…〃

ねえ 終わったら今度は
私も現代メークさせて

ちょいと
アゴ上げておくれ

ねえ後でこのまま
コンビニ行こ

美容本

江戸時代にもメークや美容法を紹介する書物がありました。中でも江戸後期の文化10年（1813年）に刊行された『都風俗化粧伝（みやこふうぞくけわいでん）』は、大正時代まで版を重ねたロングセラーでした。

女同士で集まると、髪型やメークの練習をすることがありますね。自分以外の人にやってもらうといつもと違う雰囲気になり、新たな発見があったりします。現代女子ちゃんの江戸風メークの仕上がりはどうだったのでしょうか。

『都風俗化粧伝《みやこふうぞくけわいでん》』は文化一〇年（一八一三年）に出版された当時の美容指南書です。上・中・下の三巻からなり、化粧法、髪のお手入れなどのヘアメークに関するテクニックやスキンケア、美しく見える姿勢や身だしなみなど「美」に通じる事柄を広く取り扱っています。イラストを使ってわかりやすく説明しているページがあったり、女性たちがお化粧をしたりおしゃれをしている挿絵が見開きで入っていたり、さながら現代のファッション誌のグラビアページのようです。

特にページが割かれているのは「美白」に関する項目です。「色を白《しろ》うし……」ではじまる美白法がいくつも並び、「白粉《おしろい》」においては、白粉をとく水、とき方、はき方など一つひとつのコツが詳細に記されており、江戸の女性にとって色白は美人の絶対条件だったことが伺えます。また、現代のメークだと「タレ目」「小顔」など、なりたいパーツ別のメーク方法がありますが、この本ではメークでカバーできない部分は「視線は一間（約一・八メートル）先を見るべし」など、しぐさのアドバイスもあり、自撮りにおける「小顔に見えるポーズ」など現代に通じるところがあります。

既製品が少ないためか、手作り化粧品のレシピも多く掲載されていますが、中には信憑性に欠けるものや、おまじないのようなものまで。それでいて語尾に「妙々奇々の法」「その妙、神のごとし」などと自信満々に書かれているので、ひょっとして効果があるのだろうか？と思ってしまいます。

この本はロングセラーとなり、その後、大正一二年（一九二三年）まで売られ続けました。

佐山半七丸著、速水春暁斎画図
『都風俗化粧伝』　ポーラ文化研究所所蔵

現代メークはあまりピンと来なかったようだ

第三六話

双子コーデ

ウフフフ
おそろいだねえ～

双子コーデって
言うんだろ
ホレ 次 何を唄うンだい

一緒に歌えんの
なんかないの？

黒襟

現代でもブックカバーやスマホカバーなど、大切なものにはカバーをつける習慣があります。大切なものを汚れや傷から守り、かつ好みのデザインにできる実用とおしゃれの両方を兼ね備えています。

もともと着物は日常着なので、汚れますし、傷みます。洗い張りもしょっちゅうできるわけではないので、できるだけ保護して着るように工夫をしていました。

着物には「掛《か》け襟《えり》」と言って、通常は着物と同じ柄の共布《ともぬの》が首の周りにかかっています。首回りは垢や髪油がつくので特に汚れやすく、掛け襟をはずして洗えば着物は長持ちさせることができるのです。これを黒い布にすればさらに汚れが目立たなくなります。そこで、江戸後期ごろから一般庶民が黒い掛け襟をするようになりました。

着物に黒繻子（くろじゅす）の襟を掛けた黒襟は、もともと襟の汚れやすり切れを防ぐためのものでしたが、文化・文政（1804〜1830年）頃からおしゃれなファッションとして流行しました。

やがておしゃれアイテムとして裕福な家の娘なども黒襟をするようになります。布地は黒繻子《くろじゅす》、ビロード、黒縮緬《ちりめん》に白の刺繍、地模様などがありました。黒のほかに、紫、茶、革（灰色がかった緑）、緋（赤）の絞り染めなども用いていたようです。

御殿女中が黒襟をすることはなかったので、町方の合理性とおしゃれを兼ね備えた「粋」なアイテムだったのでしょう。ちなみに、黒襟は男性もつけていましたが、やがて半襟のほうに黒を使うようになり、表着の黒襟は見かけなくなっていきました。

ところで、江戸時代に「双子コーデ」はあったのでしょうか？　花魁道中やお花見で揃いの着物を着ている浮世絵はよく見かけますが、もっと面白いものを見つけました。三代豊国、初代広重による合作『双筆五十三次』の「二川」という浮世絵です。大振りの花簪に源氏香模様の振袖を着た若い女性二人が取っ組み合いの大げんか。歌舞伎などで「双面《ふたおもて》」と呼ばれる、同じ衣装で同じ所作をする演出があり、この絵はそれと「二川」をかけているのでしょう。江戸時代に「双子コーデ」があれば、さぞかし可愛らしかったことでしょうね。

三代豊国・初代広重「双筆五十三次　二川」　国立国会図書館所蔵

彼女は小学2年生の娘と5才の息子がいる。

ごまる つな

第三七話

それエプロン？ なにもう かわゆーー！
いいだろ 今日こさえたのサ
イイヨー 料理好きに 見えるよー
なんだい 嫌味かい

お手伝い

前掛け

第三六話につづいて、着物の汚れを保護するアイテム第二弾は「前掛《まえか》け（前垂《まえだ》れとも）」です。今のエプロンのようなもので、反物二～三巾分の布を縫い合わせて、紐をつけて腰に結びます。和服のエプロンというと割烹着を想像するかもしれませんが、割烹着ができたのは明治以降で、それまでは何か作業をする時は「襷《たすき》」がけをして袖を守り、「前掛《まえか》け」をつけて着物の腰から下をカバーしていました。

最初は下層の人々が単に作業用として身につけており、その頃は幅も狭く、着古しの着物のリメイクやつぎはぎなど粗末なものでした。ところが、後期に入ると幅広でデザイン性の高いものが流行します。お尻まですっぽり覆う幅広タイプとなり、冬は袷の縮緬《ちりめん》、夏は麻や縮《ちぢみ》などが使われるようになりました。

古くは「前垂れ（まえだれ）」といい、下女や茶屋女たちが仕事着として身に着けました。江戸時代中期には町家の女性たちも着用するようになり、文化・文政（1804 ～ 1830 年）頃には幅が広く装飾的な前掛けが流行しました。

洋服のレイヤード・スタイルに似ていますね。着物はいつもと同じでも、前掛けならいくつか用意できますから、バリエーションを楽しむこともできたでしょう。前掛け姿の美人画も多く、カジュアルなおしゃれアイテムとして浸透していたのがわかります。一方、京阪では前掛けが一般化せず、前掛け姿をしているのは女髪結いくらいでした。

また、男性にとってはあくまで仕事着のひとつとして捉えられており、職種によってさまざまな形や色がありました。そのひとつ「帆前掛け《ほまえか》」は今でもおなじみ、黒や紺の厚手の布に紅白の紐、酒屋さんや米屋さん、最近では居酒屋の店員さんがつけることもある現役の前掛けです。店の屋号などを染め抜くようになったのは明治以降。こちらもデザイン性が高く、現代ではバッグやポーチにリメイクされたものも販売されています。

ところで、私の祖母世代（明治、大正生まれ）は一日中エプロンや割烹着をつけていて、近所の買い物もそのまま出かけていましたが、あれはファッションアイテムとしての名残だったのかもしれません。エプロンのポケットからお小遣いやお菓子を出してくれたのも懐かしい思い出です。

三代歌川豊国「江戸名所百人美女　天神」　ポーラ文化研究所所蔵

それぞれ「おむらいす」「けちやふ」と書きました。

第三八話

出かけんの？
傘使えばいいのに

ちょいとそこまでだし
これで行ってくるよ

コンビニでチョコ
買ってきてェ〜

目方《めかた》を減らすって
言ってなかったかい
仕方ないねェ

雨とカサ

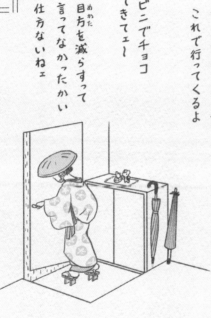

雨支度

江戸時代の雨支度といえば、笠と傘です。頭にのせて紐で固定する笠は、両手が空いて労働には便利な一方、髪型が崩れるという難点がありました。女性の髪型が精巧になるにつれて、労働や旅支度以外では傘が主流になっていきました。

江戸時代の傘は高級品。新品で八〇〇文（約一万六千円）※ほどですから、一般庶民は中古品で我慢です。当時の傘は竹と和紙で出来ていて、現在の傘に比べて壊れやすく、直しながら大切に使っていました。安価なものでは頭に直接結わえて使う「笠」があります。両手が空くので作業がしやすく、夏は日よけにもなりました。

身体を雨から守るのには蓑《みの》か浴衣を使います。着物の上から羽織って腰紐で止め、レインコートがわりに使われました。

※時代や計算方法で前後します。

雪や雨の日にレインシューズとして使われたのが「足駄《あしだ》」。歯の高い下駄で、歯の部分は下に行くほど広くなる「銀杏歯《いちょうば》」なので高さがあっても安定しています。高さを出すことで泥水がはねても着物にかからないように工夫したのでしょう。では、外出先で急な雨に降られた時はどうしたのでしょうか。

歌川国貞『三めくりの夕立』では雨に降られた人々が生き生きと描かれています。

左の女性二人は裸足です。草履を紙で包んでいるので懐に入れるつもりなのでしょうか。風呂敷のようなものを雨よけにしていますね。もう一人はしごき帯を結び直して着丈を短くしています。

中央の二人の女性の傘が破れているのは中古品でしょうか。手ぬぐいは吹き流しにしています。

右手の親子は、母親が足駄を持ち、傘を二本抱えているところを見ると、誰かを迎えに行く途中なのかもしれません。背景にも逃げ惑う人々が描かれ、突然の雨を楽しんでいるようにも見えます。

ところで、頭に被る「笠」ですが、現代でオシャレなものが復活しないかなと思っています。帽子とは違った楽しみ方ができそうな気がします。

歌川国貞「三めくりの夕立」山口県立萩美術館・浦上記念館所蔵

江戸美人ちゃんの背丈は江戸時代では普通くらい

第三九話

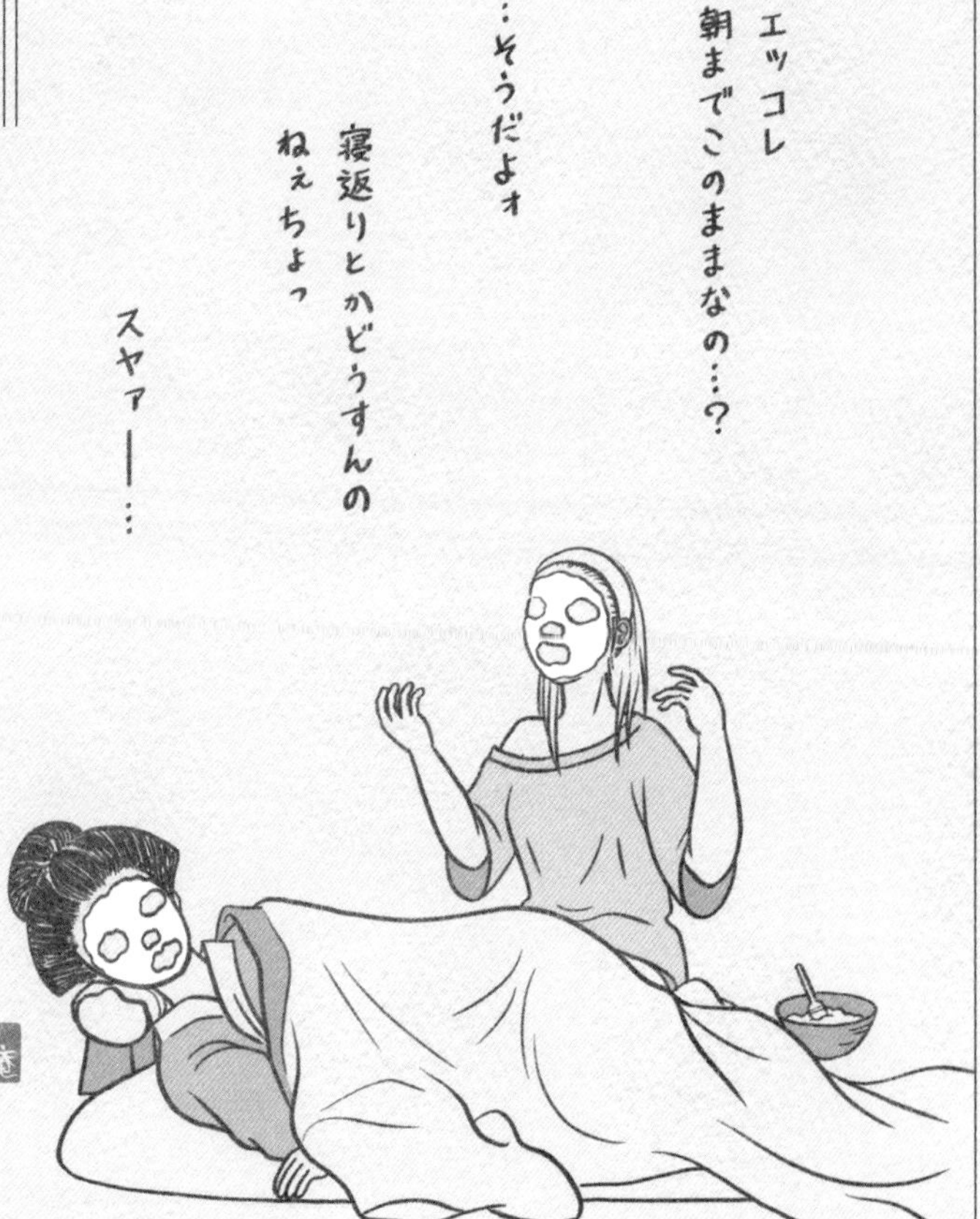

エッコレ
朝までこのままなの…？
…そうだよォ
寝返りとかどうすんの
ねぇちょっ
スヤァ――…

冬瓜パック

美白

現代では「美肌」が好まれますが、古くは奈良時代から「美＝色白」という感覚があったようです。かの『枕草子』では白粉がムラになっている人物を「見苦しい」と評している一文があります。

江戸時代は今よりも病気も根治しにくく、病後のあばたなど肌トラブルに悩まされる人が多かったようです。また、西洋では「つけぼくろ」まであり、おしゃれアイテム化していたほくろも、日本ではあまり良く思われていませんでした。

化粧が濃かった時代は白粉で塗り込めてアラを隠すこともできましたが、時代が下り、やがて薄化粧がもてはやされるようになると、地肌の美しさに焦点があてられるようになりました。単に色白なだけではなく、ツヤのあるきめ細やかな素肌であるこ

江戸時代にもナイト用美白パックがありました。冬瓜を酒で煮詰めた汁を寝る前に顔に塗り、翌朝洗い落とす。これを２週間続けると、「色白くなること、実に奇功を得ること神のごとし」と当時の美容本に記されています。

とが美の条件となったのです。

これは江戸の美容本『都風俗化粧伝《みやこふうぞくけわいでん》』にある一文なのですが、なかなかの毒舌です。「女性の肌は白いものだが、本当に白いのは一〇人に五〜六人、あとは黒、赤、青、黄ばんでいる。これは血のめぐりが悪いからだ。いくら皮膚を洗い、磨いても、多少の効果はあるだろうけど透き通るような白い肌にはならない。顔の脂を取ればしばらくは色白になった気になれるが、しばらくするとまた脂が浮き出て、そこに汚れがたまってもとの顔色に戻る。」（一部意訳、省略あり）

江戸時代の本とはいえ、ひどい言われようです。ですが、この後に「この本の美白法を試せば血の巡りが良くなり、顔色だけではなくニキビなどもたちどころに治る……」と続き、読者に「美白がんばろう！」と思わせる導入部になっています。メラニンの存在や美白有効成分などもわからなかった時代、美白は血流を良くすることを基本に考えられていたのですね。

本に紹介されている美白化粧品を現代のコスメに当てはめてみると、クレンジング、洗顔料、ナイトクリーム、ナイトパック、パウダー、化粧水クリーム、マッサージ……と、ほぼ全ての工程が出揃います。もちろん、すべてに効果があったとは考えにくいですが、それだけ「色白の美しい肌」に関心が持たれていたことの表れでしょう。

1
こんなの
眠れない
じゃん
もー
タオル
敷いとこ
2
朝起きたら
べちょべちょに
なってそう
明日は…
洗た…
く……
3
朝
大丈夫
だった
チュン
チュン
4
ガラッ
おはよー
昨日のパック
意外と…
……
あっ

現代女子ちゃんはベッド、江戸美人ちゃんはお布団

第四〇話

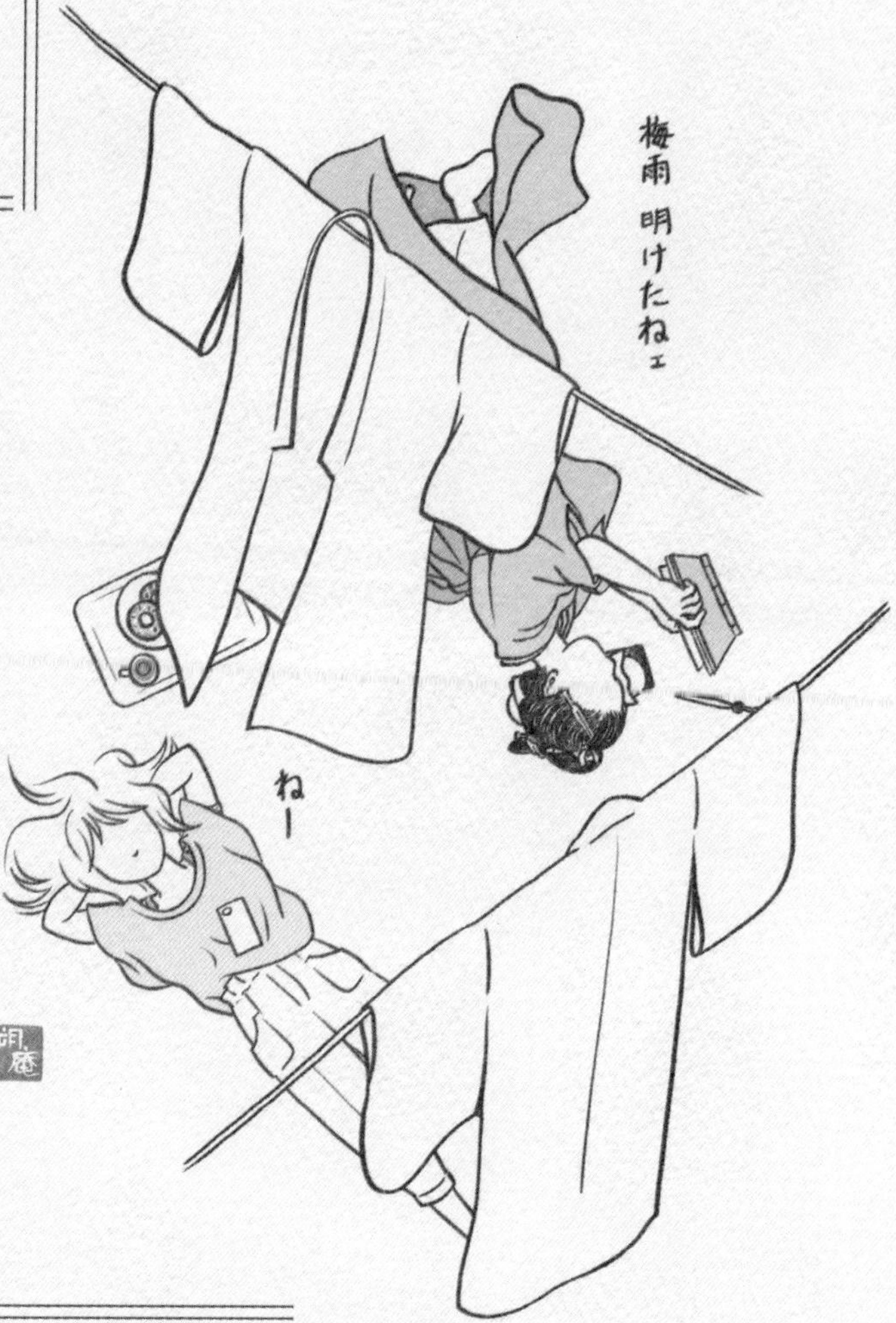

土用の風物詩

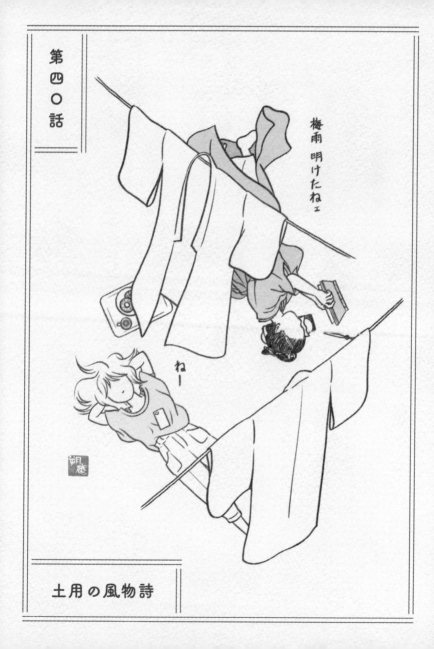

虫干し

衣服の虫・カビ予防として古くから行われてきたものに「虫干し」があります。家の中に張った紐や衣桁などに、着物や帯をかけて風を通しました。夏の土用（立秋直前の18日間程）の頃に行うものは土用干しともいい、この時期の風物詩でした。

うんざりするような長雨が止み、梅雨が明けたら一番に何をしますか？洗濯、お布団干し、外出……でもその前に、窓を開けて、部屋に風を通すことも大切です。

六月末～七月上旬ごろ、梅雨が明け、何日か晴天が続く間に着物や本、人形や武具などを部屋の中に広げ、風を通して湿気と虫食いを防ぐことを「虫干し」、または「土用干し」と言います。着物は衣桁《いこう》や部屋に張ったロープにかけ、本や武具は床に広げます。日の出ている時間帯に干し、夕方には再び元の場所にしまいます。今は化繊の服が増えて虫食いの心配が減ったり、除湿機などもあるのであまり大々的に行なうことも少なくなってきましたが、古くはこの行為は「曝涼《ばくりょう》」と呼ばれ、この時期以外にも、春や秋にも行われていたとのことです。

旧暦七月の江戸は夏に向けての行事が多く、七夕、井戸替え（年に一度の井戸掃除）、お盆、二十六夜待《にじゅうろくやまち》（二六日の夜から日の出を待って拝む）と大忙し。普段はガランとしている部屋の中に、あれこれと足の踏み場もなく並べられているさまは、夏のはじまりを感じずにはいられない光景だったことでしょう。寺社では現在でも虫干しを兼ねて、普段は閲覧できない古文書等を公開することがあります。

二年目の土用干しには雛ばかり

江戸中期から幕末までの川柳を集めた『誹風柳多留《はいふうやなぎだる》』の一句です。「結婚して二年目の土用干し、干されているのは人形ばかり（で着物や他のものが見当たらない）」という嘆きの川柳。どうやら、質に出してしまった様子です。生活費なのか遊蕩費なのか、新婚のやりくりの難しさを表しているのかもしれませんね。おそらくは少しずつ減っていった家財道具に、ガランとした土用干しで気づくのはなんとも皮肉なものです。

江戸美人ちゃんにとっては普段着だもんね！

第四一話

江戸ファミリー

男性の髪型

江戸時代には、女性の髪型を見ただけで年齢や身分が想像できたように、男髪（男性の髪型）にも様々なルールがありました。男髪の特徴といえる額を剃り上げた月代（さかやき）や、両サイドの鬢（びん）、襟足の髱（たぼ・つと）の形や大きさのバリエーションにより、流行のヘアスタイルも生まれました。

飛鳥時代、烏帽子《えぼし》を被る時に髪をまとめて一つに結んだのが髷のルーツです。月代《さかやき》は戦国時代、兜の下で蒸れないように頭頂部を剃ったことから始まり、二つ折に折った髷と共に江戸時代の定番スタイルとなりました。よく「丁髷《ちょんまげ》」と言いますが、本来は年を取って髪の量が減り、小さくなった髷のことを指します。どれも同じように見える髷ですが、シンプルなだけに時代や好みで細かい違いが見られます。

武士と町人の大きな違いは、髱《たぼ》（髪の後ろ部分）の形です。武士はきっちり結い上げ、町人は少しゆるみを出します。これは今でいう無造作ヘアのようなもので、わざとたるませるのが粋とされました。町方から見ると武家の風俗は「野暮《やぼ》」にうつったようです。

時系列で見ていくと、江戸初期は戦国の荒々しい空気が残っており、ワイルドな風貌が流行ります。月代を大きく取り、髷の先を無造作にした「唐犬額《とうけんびたい》」は豪胆で有名な侠客の名前がつけられた髪型です。月代の部分は剃らずに毛抜きで抜くこともあり、これは痛みを伴うことで、己の強さを誇示していました。

江戸中期に入ると男女ともに髪油で毛束を整えるようになります。男性のファッションの流行は中性的になり、髷はほっそりと華奢になっていきます。「辰松風《たつまつふう》」「文金風《ぶんきんふう》」は人形浄瑠璃界からおこった髪型で、髷の中に針金や串を入れて根元を高くし、毛先を落とす傾斜のある髷で、立体的に仕上がっています。また、本多忠勝の家中から流行したといわれる「本多髷《ほんだまげ》」は、高めの根元からアーチをつくるような髷で種類も多く、身分を問わずさまざまな人に結われました。毛先を梳《す》いて減らし、病み上がり風にした「疫病本多《やくびょうほんだ》」は言うなればメンヘラ風……？　平和な時ほどトリッキーなものが流行るのかもしれないですね。

幕末が近づくにつれて、本多髷、銀杏髷をベースに月代は狭く、髷は太めになっていきます。この時代の代表的な髪型は「講武所風《こうぶしょふう》」で、細くまっすぐに剃った月代の上に髷を乗せたもの。兵法などを習う若い侍たちが好んでこの髪型にしていました。外国人には髷が奇妙に見えることから、月代を剃らない総髪も増えていきました。

彼は文句を言いながら結局はやってあげるタイプ

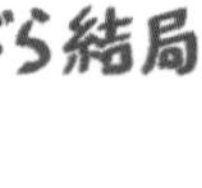

第四二話

だって帽子って言ったじゃないか
言ったよー言ったけど
まさか間違えると
思わなかったじゃん…
何だい
人のせいにして
ちょっとどこ行くの

帽子は帽子でも……

被り物

江戸美人ちゃんと現代女子ちゃん、珍しく大げんかです。現代人のイメージする「帽子」とはちょっと違いますが、江戸時代にも帽子とよばれる被り物がありました。

被り物はおおまかに四つの種類に分けられます。

ひとつは「笠」。身分や職業でさまざまな形があり、日差しを防いだり、深いものは顔を隠したりすることにも使えます。「傘」が高級品だったことから、庶民は雨の日にも「笠」を使いましたが、日本髪の形が複雑になっていくと、髪型の崩れを気にして、女性はあまり使わなくなっていきます。また、旅の必須アイテムでもありました。

二つ目は「頭巾《ずきん》」。あたまをすっぽり覆うタイプのものが多く、寒い時や、身分を

江戸時代の女性の被り物に「揚げ帽子（あげぼうし）」があります。武家や富裕な町人の女性が外出時の塵よけとして用いたもので、布の中央を前髪に被せ、両端を髷の後ろに回して留めていました。

隠したい時、人目につきたくない時――たとえば男性が吉原に通う時――などに便利でした。丸頭巾や角頭巾など、特定の職業の者が被る頭巾もありました。

三つ目は手ぬぐい。本来は被り物ではありませんが、さっと取り出して被ることができる手軽さがあり、あねさん被りや吉原被りなど、色々な形にして使いました。

そして四つ目が「帽子」です。江戸美人ちゃんがしている「揚《あ》げ帽子《ぼうし》」は、細長い布を頭にぐるりと巻きつけ、帽子針で止めたもの。最初は綿《めん》だったものが後から絹の羽二重になりました。主に武家や裕福な商家などの女性が寺社参詣の時に用いたようです。「綿帽子《わたぼうし》」はその名の通り、真綿を引き伸ばしてふのりで固めたもの。江戸初期は頭の上に乗せていただけのものがのちに頭全体を覆うようになります。京阪では綿製、江戸では縮緬や絹地が好まれました。どちらも現代では婚礼衣装で見られますが、土埃の立ちやすい江戸の町では外出時の塵よけとして実用的に使われていたのです。

宗十郎頭巾
初期の綿帽子
布製の綿帽子
お高祖頭巾
てぬぐい
ほっかむり
吉原被り
管笠
円座
吹流し

仲直りするには甘いものが一番だよね!

第四三話

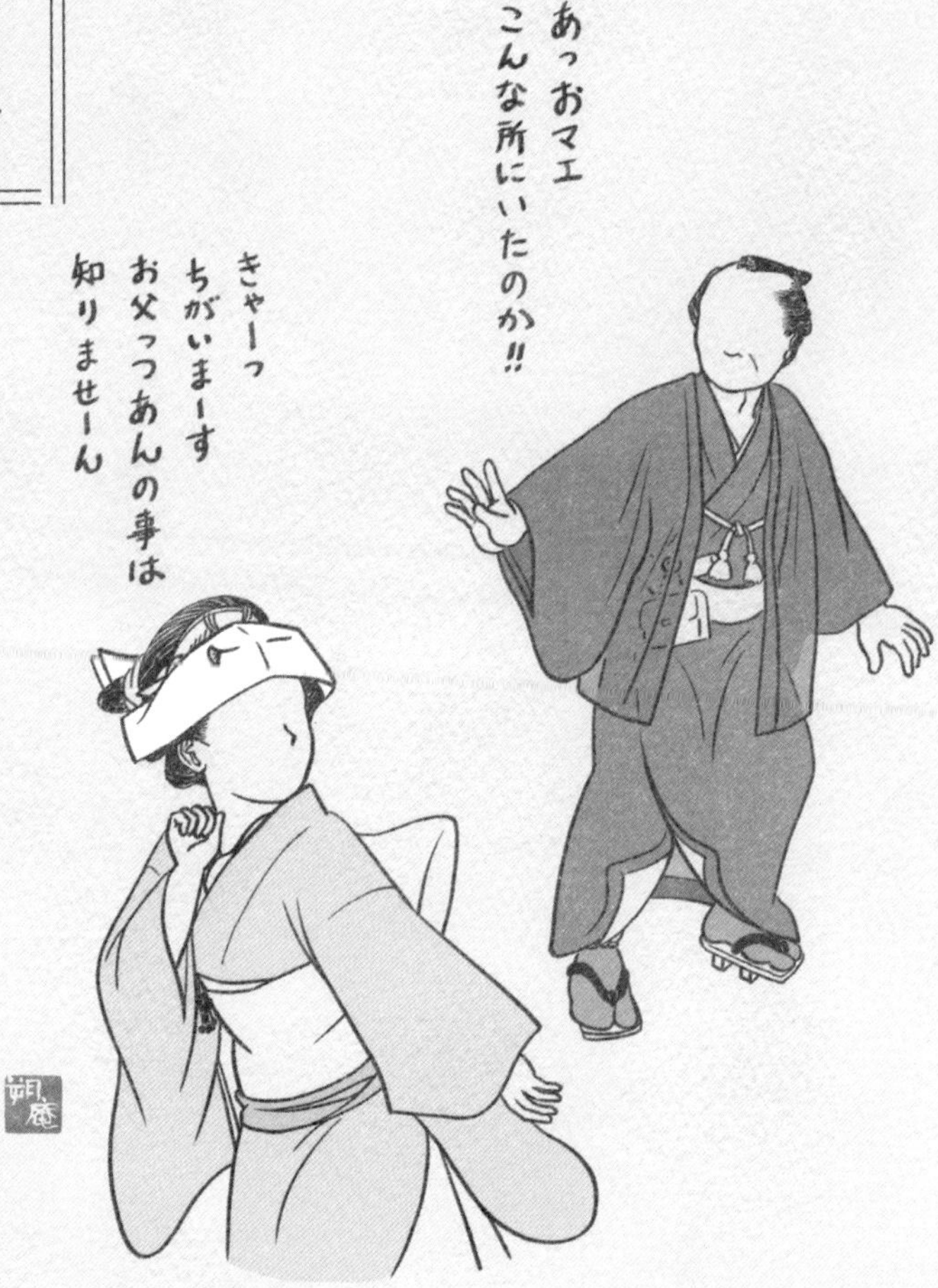
あっおマエ
こんな所にいたのか!!
きゃーっ
ちがいまーす
お父っつあんの事は
知りませーん

見つかった！

アウター

着物のアウターといえば最初に思いつくのが「羽織《はおり》」です。今は男女共通の上着ですが、形のルーツが戦国武将の陣羽織であることからか、主に男性用として、元禄期（一六八八～一七〇四年）より日常着として定着しました。羽織は小袖に比べると時代によってかなり形が変化しています。江戸初期の伊達者（派手な身なりを好む者）に人気のあった「蝙蝠《こうもり》羽織《ばおり》」は袖丈が長く、身丈は短く、形が蝙蝠のように見えることからその名がつきました。時代が下ると今度は下駄の歯にかかるほどの長い羽織が流行ります。羽織紐も最初は羽織の共布だったものが、組紐を使うようになり、こちらも長さを変えたり、結び方に凝ったりして個性を出して楽しみました。

また、奢侈《しゃし》禁止令が出て表向きは地味なものしか着られなくなると、羽織裏の色柄

羽織の起源は、武士が小袖の上に用いた「十徳（じっとく）」や、同じく小袖や甲冑の上から羽織った「胴服（どうぶく）」など諸説ありますが、いずれも男装として変遷してきました。女性の羽織は元文（1736～1741年）頃にはじまり、女羽織着用の禁止令によって一時は下火になるものの、文政（1818～1830年）頃に復活。幕末には一般的な女性風俗として定着しました。

に凝り始め、羽織を脱いで初めてその柄が見えるような粋なおしゃれを楽しみました。

これ、学生服を改造するのに似ていませんか？　形が決まっているものほど、細かい部分に工夫を施すのかもしれません。江戸の羽織と改造学生服には思わぬ共通点が見られました。

そのほか、武士が帯刀するときに刀が出るように背中心の下部が開いている「ぶっさき羽織」、袖のない「甚兵衛《じんべえ》」、医者や儒学者が身につける「十徳《じっとく》」、火消し装束や防寒着として使われた「半纏《はんてん》」、職人や武家の中元など身分の低い者の仕事着である「法被《はっぴ》」など種類もいろいろ。半纏と法被は形が似ていますが、半纏はさまざまな生地や柄のものがあり、法被は木綿か麻が多く、雇い主のお仕着せは屋号が染め抜かれていました。

一方、女性が上着を着ることはほとんどありません。京阪では天保（一八三一〜一八四五年）以前に羽織をつけることがあったようですが、奢侈禁止令により幕末頃まで女性の羽織が禁止に。唯一、深川芸者だけが羽織を着ていました。彼女たちは男名で、男っぽい気風で知られており、羽織芸者とも呼ばれていました。江戸の女性の防寒はもっぱら重ね着で、江戸美人ちゃんも外出時には羽織を着ないようです。真冬は寒くないのかとハラハラしてしまいます。

動画がバズって「花嫁」がトレンドワードに入りました

#花嫁
#チョンマゲ

第四四話

ええ…親の決めた
結婚とかありえないっしょ
イヤなものは嫌なんだよう
……
嫌ならやめとこ?
…いいのかナ
だって自分の人生じゃね?
好きにすればよくね?
…ねっ

自分で決めたい

結婚

現代の私たちにとって結婚は恋愛の延長線上にあるイメージですが、恋愛結婚の数がお見合い結婚を上回ったのは一九六〇年代末のことです。江戸時代ともなれば結婚は家と家との結びつきという意味合いが強く、親が決めた相手と結婚するのが普通でした。

女性は一八〜二〇歳、男性は二五〜四〇歳ごろが適齢期とされ、年頃になると親族や周りの大人がお相手を探し始めます。理想の相手は家の格や資産の釣り合いが取れていることで、女性が男性の家に入るのが通常ですが、男子のいない家は養子縁組をするか、婿取りをすることもありました。

お見合いの席を設ける時は、水茶屋や芝居小屋などで行います。両家が集まり、それ

江戸時代の婚姻は家と家との縁組という考えが根強く、相手選びに当たっては相応しい家柄かどうかが重視されました。本人の意思より親の意向に左右されることも多く、縁組の世話をする仲人（なこうど）が重要な役割を担いました。

となく顔がわかる距離でお互いをチラ見する程度で、言葉を交わすこともなかったのだとか。婚礼で初めて相手の顔を見た、なんてことも珍しくはありませんでした。

両人の家長が同意すると、媒酌人を立てて婚礼式を行います。そこで親族や周りの人々に認めてもらうことで婚姻が成立します。「婚姻届」に該当するものはありませんでしたが、近いものに「宗門人別改帳《しゅうもんにんべつあらためちょう》」という、檀家のお寺に届ける戸籍のようなものがありました。

女性は嫁入りの時に「持参金」を持っていきます。落ちぶれた家などはこの持参金目当てに嫁をもらうこともありました。が、これはあくまで女性の持ち物で、離縁した場合は返金しなければなりません。江戸時代は離婚・再婚も多く、財産に関する取り決めはきちんとされていたようです。当時は結婚相手を紹介する「仲人《なこうど》」を職業にする者がおり、相手を世話すると、この持参金の一割の謝礼がもらえました。

ところで、離縁したい場合はどうすればいいのでしょう。基本的に、女性側から離縁することはできません。夫に「離縁状」というものを書いてもらわなければ女性は再婚ができませんでした。読み書きのできない者は、半紙に線を三行半書いたものでも認められました。これが転じて現代でも離婚を突きつける時に「三行半《みくだりはん》」と言うのですね。

クレープを買い損ねたのでマフィンを買いました

第四五話

あたしゃこれ
着てみたいねェ

それフォーマルドレスだよ
ちょっとしたパーティかよ

髪は切らないどくれよ

てか髪の中から
いろいろ出て
くるんだけど

髪の中から

結髪道具

日本髪に使われる特徴的な道具として、張り出させた両サイドの髪をキープする「鬢張り（びんはり）」や、襟足をはね上げる「髱差し（たぼさし）」などがあります。また地毛の長さやボリュームを補うため、様々な形・長さの髢（かもじ）も多用されました。

二〇〇〇年代半ばごろ「盛りヘア」が流行しました。頭頂部に高さを出し、ゴージャスに毛先を散らしたスタイルはマリー・アントワネットの肖像画を思い出させます。髪にボリュームを出すと小顔効果があり、女性の可愛らしさを引き出すことができるのだそうです。

日本髪も盛りヘアでは負けていません。前髪、左右の鬢、後ろの髱、トップの髷と、かなり大きなシルエットになります。就寝時に髪型を崩さないように考え出された「箱枕《はこまくら》」は、高さが一八センチ前後もあり、まさに髪型ありきの枕。快眠よりも髪型の保持を優先していたことがわかります。

この日本髪、基本は髪油と元結で形を作りますが、立体的なフォルムを長期間保つために、補助具がたくさん使われているのです。

張り出した髱《たぼ》の形を固定するための「髱差し」、左右に張り出した鬢《びん》の形を保ためにの「鬢張《びんは》り」、前髪を立体的に見せるための「前立髪《まえたてがみ》」、「キリ」「小枕」と呼ばれる、穴の空いた円筒状のものは、高さを出すために使います。ほかに、髪の長さを足すための「かもじ」、ボリュームを出すための「みの」などの付け毛も利用しました。あらかじめ髷の形に作ってある「髷型《まげがた》」という付け髷まであり、髪型によってはさらに道具が必要になってきます。これだけのものを髪の毛に入れているとなると、日本髪は重く、かなり窮屈だったのではないでしょうか。美容院でアップスタイルを頼み、自宅でほぐすとすき毛やピンがたくさん出てくることがあります。日本髪も同じようなものだと思うと、親近感が湧いてきますね。

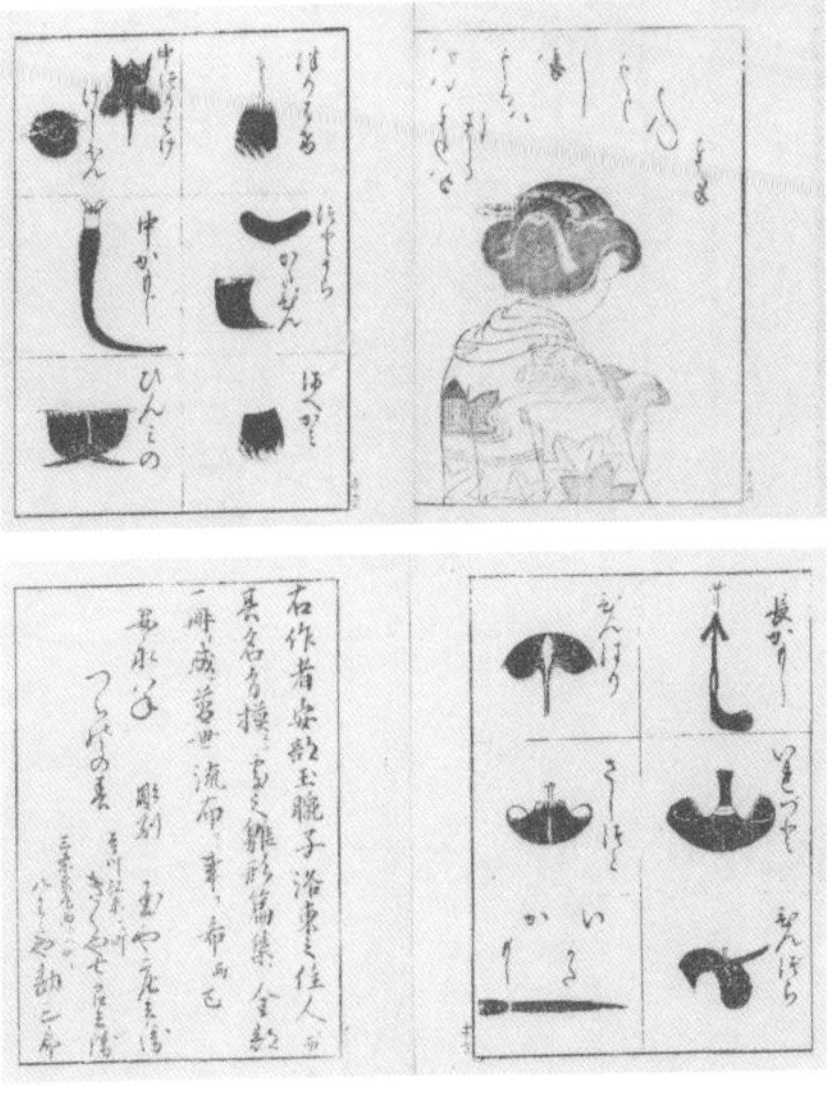

阿部玉腕子『当世かもじ雛形』ポーラ文化研究所所蔵

※2009年ごろ雑誌に載ったヘアスタイル

ふざけすぎて髪に触らせてもらえなくなりました

第四六話

こっちの格子の長着
なかなか良いねェ
これどうよー
こっちもかわいい
これも
これも
これも
これ
ゆっくり選ばせておくれ

試着室にて

縞柄と格子柄

江戸美人ちゃん、初めての洋服選びで基準がわからず、チェックやストライプの柄を選んでいるようです。着物の縞や格子に似ているので、安心するのかもしれません。

筆者の私が着物を着るようになって、最初に魅入られたのは縞の着物でした。洋服ではストライプもボーダーもうまく着こなせず、あまり手を出していなかったのですが、着物になった途端とても魅力的に感じるようになったのです。

縞ブームがひと段落した頃、今度は歌舞伎の衣装で見た弁慶格子を一目見て気に入ってしまい、そこからしばらくは格子ブームが続きました。どちらもシンプルな柄ですが、線の色、幅、間隔の取り方で無限のデザインがあり、しおらしくも勇ましく

縞柄は、江戸時代を通じて小袖に見られる模様の一つで、縦縞と横縞を組み合わせると格子柄になります。江戸時代前半の主流は横縞や格子縞でしたが、細身で腰高の着装が指向されるようになった江戸時代中期以降は、縦縞が人気を集めました。

もなります。また、博多献上のように細かい柄の集まりで縞のように見せているものには江戸っ子の遊び心を感じさせられます。

江戸時代の浮世絵や着物を見てみると、初期は横縞が流行ったようです。それも太めのものが多く、中には柄の集合体が斜めボーダーに見えるような大胆なデザインも。また、小袖だけではなく衿と袖口だけ横縞になっている羽織を着ている男性も見受けられます。色使いは多色で柄も大きく派手で、江戸初期のエネルギッシュな空気を感じとることができます。

中期になってくると、縦縞が増えてきます。鈴木春信の浮世絵には、縞の上に鳥などの意匠が重なっているものや、一見、縞に見えてわらびやぜんまいのように先がくるりと曲がっているユーモラスなデザインが多く登場します。斜めボーダーも健在です。

後期になってくると、縞や格子は細かくなり、色も落ち着いて渋みが出てきます。「一見地味なのに実は凝っている」という「粋」の時代で、横縞はあまり見られなくなります。帯幅が広くなり、着物の模様も上半身は無地で裾模様を施すなど上下を意識したものに変化していったことで、縦長効果のある縦縞が好まれたのでしょう。

縞や格子は小袖だけでなく、帯や羽織、中着にも使われています。浮世絵などを見る機会があったら、ぜひ着物の柄にも注目してみてください。

脱いだ着物は現代女子ちゃんが持って帰った

第四七話

アレッ服は？
どうもしっくり
来ないんだよう

なんでェ〜
かわいいのに

ウチでたまに
着るからサ

それじゃ
意味ないじゃん

ここちょいと
押さえとくれ

帯のおしゃれ

帯結び

江戸時代前期まで、帯には組紐や平たく仕立てた布が用いられ、結ぶ位置は前後や脇など様々でした。しだいに帯幅が広く丈も長くなると、後ろ結びが定着し、だらり結びや路考結び、一つ結びなど変化をつけた帯結びをおしゃれとして楽しむようになっていきました。

着物のコーディネートの醍醐味は、小袖と帯の組み合わせです。同じ小袖でも帯の色柄の選び方、帯結びの形でガラリと雰囲気を変えることができます。

帯の特徴といえばその「幅」ですが、最初から幅広だったわけではありません。

江戸の初期、帯はまだおしゃれアイテムとは言えず、男女共に紐のようなものや、幅八〜一一センチ前後、長さ二・三〜二・七メートルの平たく縫われた帯を締めていました。帯用に作られた布地はなく、着物地や余り布を使います。結ぶ位置や結び方も決まった形はなく、それぞれ好きに締めていました。着物も身幅が広くゆったりしていたので、今と随分シルエットが違いました。

中期に入ると紐状の帯は使われなくなり、女性の帯幅はだんだんと広くなっていきます。享保年間（一七一六〜一七三六年）には幅三〇〜三四センチとなり、長さは四メートルほどになります。帯の存在感は俄然増し、歌舞伎役者が役に合わせて様々な帯結びを考案すると、女性たちはたちまち真似をして流行を作り出しました。帯の結び目が大きくなり、邪魔になってきたことから後ろ結びをする者が増えてきました。

　後期に入っても、帯の幅や長さにさほど変化はありませんでしたが、色柄が落ち着いてきます。このころ、着物も渋好みになってきたので、それに合わせる形で変化したのでしょう。帯結びは後ろ結びが一般的となり、遊女や老女など「自分では家事をしない者」は前帯にしていました。

　帯結びの種類も数多くありましたが、幕末に現在主流となっている「お太鼓」が出現します。それまでの帯は帯締《おびじ》めを使いませんでしたが、お太鼓は紐を使って止める必要があり、この紐を「帯留《おびどめ》」と呼びました。帯留には止め金具があり、この金具部分が分離し、こちらを帯留と呼ぶようになり、紐部分が帯締めとなりました。

　ちなみに男帯は初期からさほど変化はありません。帯結びは「貝の口」「神田結び」などがあり、貝の口は武士も庶民も締めましたが、特定の身分や職業の者が締める帯結びもありました。また、職人などは半纏を着る時に三尺帯という芯のない一重の布を用い、左や右前で結んでいました。

素質はあったけど1日であきました

第四八話

エッこれ下げたの？
玄関ドアに？
何か自分で
やってみたく
なってね
さっすが
江戸時代〜
お客来るかねェ〜
んじゃインスタでもやる？

お仕立て直し

裁縫

江戸美人ちゃん、料理はあまり得意ではないようですが、お裁縫はプロ並の腕前なのですね。

元禄五年（一六九二年）に出版された『女重宝記（艸田寸木子 著）』には、針仕事は読み書き、歌、琴と共に「女の四芸」のひとつと記載されています。

江戸時代、最も比重の大きい家事は「針仕事」でした。嫁入りして家庭の主婦ともなれば、家族や奉公人の着物を作ったり、季節の変わり目に綿《わた》を入れたり、洗い張りのあと、ほどいた着物を縫い直したり。子どもができれば古い着物を子ども用に仕立て直したり、おむつにしたり。一枚の着物を長く着るので、かけはぎなどの修理もしていたことでしょう。

江戸時代、裁縫は女性のたしなみと考えられており、幼い頃から母親に仕込まれたり、習いに行ったりするのが一般的でした。仕立て直しやほつれの繕い、補強、中綿の出し入れなど、針仕事は日常的に行われ、裁縫箱は嫁入り道具に欠かせないものの一つでした。

このように、ほとんどの時間を針仕事に費やしていたのです。さらに農家や地方では綿を買い入れ、糸を引き、染め、布地を織るところから始める場合もあり、一枚仕立てるのに膨大な時間がかかりました。

そのため、女の子は幼い時から花嫁修行の一環としてお裁縫を仕込まれました。嫁入り前の一六歳前後には単《ひとえ》（裏地のない着物）を縫い上げるくらいにはなっていたのです。

余談ですが、現代でも普段から着物を着ていると自分で補修する機会が多くなります。お裁縫の経験が少ない男性も、着物を着ているとだんだんお裁縫がうまくなっていくので、男性も家事をする今の時代には、むしろ合っているかもしれませんね。

「芸は身を助く」と言いますが、針仕事は女性の自立にも役立ちます。奉公人としてどこかの家に働きに出る場合、「お針《はり》」という縫い物担当で雇われることがありました。また、独り身の女性が個人で着物の仕立てや修理の仕事を請け負うこともあり、当時は少なかった女性の職業として重宝されていたのです。

また、武家の場合は、機織《はたお》りを内職にしている家もありました。機織りは中流・上流武士の家でも行われていたようですが、特に下級武士の家ではどこでも内職をしていたので、反物の実入りは有難かったことでしょう。「あそこの奥さまの織る反物はセンスが良い」などと評判になることもあったかもしれませんね。

知る人ぞ知る人気ネットショップになりました

第四九話

お湯に来るのも
久しいねェ
明日修理に
来るってサ
帰りにアイすクリム
買っていかないかい
いーねェー
アレッ？
もしやあの子は・・・

あの子は誰？

浴衣

見た目も涼しげで、色柄もバリエーションがある夏の着物「浴衣《ゆかた》」。通常の着物より気楽に取り入れられることから、最近は浴衣を着る人をよく見かけます。

ここ数年の猛暑の影響で、早ければ五月ごろから着ている人を見かけます。ほんの十数年前までは、浴衣は夏場、日が落ちた夕方から着るものとされていました。

これは、浴衣が誕生した経緯に関係があります。

浴衣の語源は湯帷子《ゆかたびら》だと言われています。日本では、古くから身分の高い人々が入浴用の肌着を着る習慣があり、湯帷子は平安貴族が蒸し風呂に入る時に使っていたものです。当時はまだ浴槽につかる習慣がなく、汗取りや火傷防止として身につけていました。

やがて、お湯につかる形の入浴が主流になってくると、だんだんと裸で入浴するよ

浴衣は「湯帷子（ゆかたびら）」が語源といわれています。湯帷子は、入浴時に着用した麻の単衣を指し、やがて浴後の汗取りとして用いられるようになりました。しだいに夏の室内での日常着や労働着、あるいは道中の塵除けとして着用したり、雨着として小袖の上に被ったりするなど、幅広く利用されました。

うになり、江戸時代になると湯帷子は浴衣と呼ばれるようになり、湯上りに着るようになりました。この頃は内風呂のある家は少なく、銭湯に通います。行きは浴衣を持参して、帰りはそれを身につけ、着物は丸めて持って帰ります。そのため、年配の方の間では今でも浴衣は夕方以降に着る部屋着やパジャマのようなものという感覚が残っているのです。

衣服の歴史では、最初は下着だったものがだんだん普段着として認知されるようになり、普及していく、というパターンが多く見られます。着物の原型である小袖は十二単の内側に着ていた下着ですし、海外に目を向ければワイシャツは中世ヨーロッパ時代にあった、パンツと一体化した「ユニオンスーツ」が分離したものです。キャミソールも三〇〜四〇年くらい前は下着扱いでした。このように時間をかけて少しずつ市民権を得て、現代の私たちは気軽に浴衣を楽しめるようになったんですね。

また、浴衣は着物のほこり除《よ》けとしても使われていました。江戸時代には旅行が流行しましたが、その道中を描いた浮世絵を見ていくと、数枚の着物を重ね着し、帯の上からすっぽり浴衣をかぶってしごき帯で止めている女性が描かれていることがあります。雨が降っても着物が直接濡れずにすみますし、通常の着物より扱いやすく、軽くて丈夫なのでウインドブレーカーのような役目を果たしていたのでしょう。

江戸美人ちゃんが好きなのは

氷菓系のサクサクしたアイス

第五〇話

本当にここにおるのだな
ハ、ハイ
おっかさまァ はちりはんがたびたいよォ
マァ お芋かえ あとで買ってあげましょうねェ

お高祖頭巾

防寒対策

江戸時代の防寒用の被り物に「お高祖頭巾（おこそずきん）」があります。女性の間では、紫や黒の縮緬地のものが流行し、お高祖頭巾を被った上から首元に手ぬぐいなどを巻くこともありました。他にも半纏（はんてん）や丹前、褞袍（どてら）などの重ね着で、防寒対策をしていました。

浮世絵を眺めていると、雪の積もった冬場に、素足に履物姿の人々が描かれていることがあります。筆者の私が着物を着る時、冬場の防寒対策で最も重要なのは襟と足元なので、素足の姿を目にすると昔の人は寒くなかったのだろうかと不思議に思います。

とはいえ、一般的には足袋を履いていました。素材は木綿が主流ですが、「革足袋《かわたび》」というものもあります。足袋の語源は鹿革で作られた「単皮《たんび》」という外履きです。革足袋の原料は輸入に頼っていたため、鎖国令以降、材料不足からあまり作られなくなり、木綿足袋が普及していきました。

江戸時代の防寒の基本は、綿入りの着物と重ね着です。下層の庶民は厚手の綿を入れた「丹前《たんぜん》」「褞袍《どてら》」を着重ねることもありました。

首元は、男性なら「宗十郎頭巾《そうじゅうろうずきん》」「山岡頭巾《やまおかずきん》」、女性なら「お高祖頭巾《こそずきん》」のように、頭ごとすっぽり覆ってしまうものがあります。防寒だけが目的のものではないですが、冬場には重宝したようです。

歌川国貞『歳暮の深雪』は、雪の降る夜道を歩く三人の女性が描かれています。右の二人は「お高祖頭巾」に「長合羽《なががっぱ》」を着ています。風が強くて寒そうですね。合羽は雨や塵除けに使われるものですが、南蛮人の僧侶が身につけていたケープを改良したもので、丸いマントタイプのものは「坊主合羽《ぼうずがっぱ》」と呼ばれました。一方、左の女性は第三七話で紹介した前掛けを頭にかぶって頭巾がわりにしているようです。上着もつけずにいそいそとお酒を買いに行っている様子は、もしかしてお使いではなく自分用なのでしょうか。同じ雪の中での光景ですが、心情の違いが出ています。そして、やはり三人とも素足です。

歌川国貞「歳暮の深雪」太田記念美術館所蔵

江戸美人ちゃん、逃げてー!!

第五一話

お前いいかげん
うちに帰れ
いやですぅ——
婿取りして
家を継げ
自分のことは
自分で決めたいん
ですぅ——
わがままも
たいがいに
ザクーッ

一大決心！

髪を切る

結髪が主流だった江戸時代は、男女共に髪を長く伸ばすのが一般的で、髪を切る（断つ）ことは俗世との縁を断つことと考えられていました。女性の断髪は、仏門に入るというしるし、未亡人になったという証拠でもあったため、当時の女性にとって髪を切ることは一大事でした。

江戸美人ちゃん、お父さんに嫁に行けと迫られ、髪をバッサリ切ってしまいました。

現代でも髪の毛を大切にする女性は多いですが、江戸以前、長く美しい黒髪は美人の条件とされ、平安時代には「長ければ長いほど美人」と言われていたほどでした。豊かで艶のある長い黒髪は身分の高さを表しており、一般庶民の羨望の的でもあったのです。

江戸時代に入っても女性の長い黒髪は大切にされ、その髪を切るということは、当時は未亡人であること、あるいは俗世を離れて仏門に入る「出家」を意味します。

江戸美人ちゃんが切ったあとの髪型は「切り髪」と言って、身分の高い武家の女性

が夫と死別や離別後、もしくは年老いた時に切った髪型です。正式な尼僧になるには剃髪《ていはつ》しなければなりませんが、平安時代までは、出家しても丸坊主にはせず、肩くらいのセミロングにしていました。その名残で、少女の髪型で肩くらいの長さを「尼削《あまそ》ぎ」と呼びます。これらは風習として形だけ残ったようです。

髪を切る行為は、日本においては時代を問わず様々なシーンで重要な役目を果たします。遊女が間夫《まぶ》（本命のお客さん）への誠意を表すために、髪を切って送った「髪切り」や、戦で死亡した者の髪の一部を形見とする「遺髪」、髪を伸ばして願掛けをしたり、藁人形に入れて呪いをかける「まじない」など、髪にまつわる話はたくさん残っています。現代人の私たちでも「失恋して髪を切る」「運気を変えるために髪型を変える」「反省して丸坊主にする」など、無意識のうちに髪に思い入れを抱いています。

江戸美人ちゃんも、自分の固い意志を髪を切ることで表現したのでしょう。当時の感覚で言えば相当な出来事でしょうから、江戸美人ちゃんファミリーはさぞかし驚いたのではないでしょうか。

切り髪
尼削ぎ
私たちは
仏門に入るの
ですよ…
お供え物
たびていいの？
姉妹による出家ゴッコ

江戸ママは2階建てバスに乗りたい

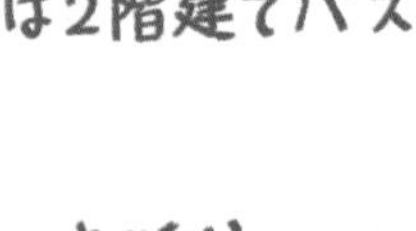

第五二話

また留守番？
年末からずーっと
外でてないじゃん
一緒に行こうよ
気乗りしないんだよ
悪いけど
ひとりで行っとくれ

あねさんかぶり

手ぬぐい

江戸時代、手ぬぐいは簡便な被り物としても用いられていました。「あねさんかぶり」は手ぬぐい被りのひとつで、髪を覆うように手ぬぐいを巻き付け、端を後ろで重ねたり前に垂らしたりしていました。

前

回髪を切ってしまった江戸美人ちゃん、とっさのこととは言え、髪の短い自分の姿に意気消沈しています。手ぬぐいで髪を覆い、外出もしていません。

手ぬぐいは、現代人にも親しみのあるアイテムです。古くは「手布《たのごい》」「太乃己比《たのごひ》」と呼ばれ、綿が高級品だった時代には神事を行う者の衣装として使われていましたが、江戸期に入り、綿の生産が増えるにつれて一般庶民に広まっていきました。

第四二話でも触れたように、手を拭くためだけではなく、被り物としても頻繁に使われ、江戸後期の風俗を記した『守貞謾稿』には手ぬぐいの被り方がイラスト入りでいくつも紹介されています。

手ぬぐいは旅のお供にも重宝します。ケガをした時の包帯がわりに、ちょっとした荷物をくるんで手に下げる、日除け、ほこり除け、下駄や草履の鼻緒の代用に着物のつぎ当て。まさにいろんなことに使える万能アイテムなのです。

「あねさんかぶり」と言えば、手ぬぐいを前からふわっと被せ、後ろに回した端を襟足あたりで結ぶのが現代の形ですが、江戸時代の「あねさんかぶり」は少し形が違います。日本髪に添うように巻き、後ろに回して端は結ばず、折り返して頭の上に載せるか、額のところで挟みます。

当時、好事家が料亭などに集まり、趣向を凝らした美術品を職人に作らせ、その良さを競った品評会が盛んに行われ、その中には手ぬぐいのデザインを競う『手拭合《たなくひあわせ》』もありました。天明四年（一七八四年）に発行された山東京伝著『手拭合』は、古典を題材にしつつユーモアにあふれた手ぬぐいの図案集で、手ぬぐいが実用的かつおしゃれアイテムとして一般に浸透していたことがわかります。ちなみに京伝の手拭合は、実際に開催されたとも架空の品評会を想定して作った本ともいわれており、真偽のほどは不明です。

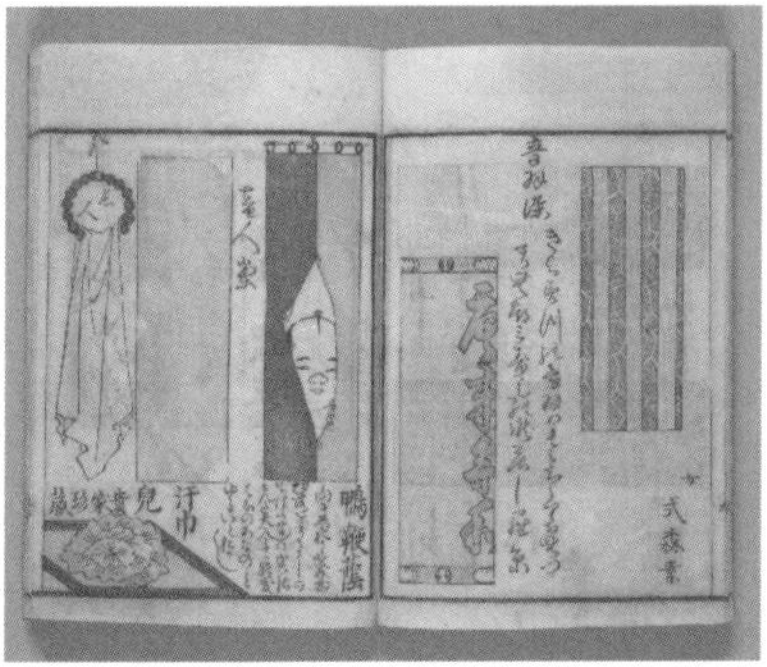

山東京伝「たなくひあわせ」より
「鴨鞭蔭」　国文学研究資料館所蔵

江戸美人ちゃんはどうなってしまうのか?!

第五三話

かもじじゃないか
どうしたんだい

髪なんて
すぐ伸びるよ

…そうだねェ
すぐ伸びるね

短くても
クソかわいいけど

クソって言葉は
好かないって言ったろ

…元気出た？

プレゼント

かもじ

「かもじ」は今で言うエクステ、ヘアピースに当たり、「加文字」「髪文字」と表記しました。古くは「かづら」とも言い、かつらとの区別はなかったようです。公家の垂髪《すいはつ》（長い髪をそのまま垂らす、もしくは根掛けで結んで垂らす髪型）用に、地毛に足して長さを出すのに使われました。髪を長く垂らすのは平安時代からの名残ですが、鎌倉後期になるとさほど伸ばさなくなり、公式の場でのみ、かもじを使うようになりました。

やがて結髪をするようになると、第四五話で紹介したような「みの」や「髷型《まげがた》」など、用途に応じたかもじが作られるようになりました。

かもじは男性の髷にも使われます。特に武士は、髷が結えなくなると隠居をしなけ

髪を結う際に、地毛の足りない部分に入れる添え髪を「髢（かもじ）」といいます。垂髪で後ろに垂らした髪に添える「長髢（ながかもじ）」や、両サイドの鬢を補う「鬢蓑（びんみの）」など、髪型や部位に合わせて、形状の異なる髢が使い分けられていました。

ればならなかったので、かもじを足したり、かつらを被って対面を保つということもあったようです。女性にとっては美しさの条件、男性にとっては社会的ステイタスに影響が出る大事なパーツだったことがわかります。

かもじは抜けた髪や切った髪を集めて作られました。「落ち買い」が転じて「おちゃない」と呼ばれる髪買いの女性が「おち（落ち）やない（か）」と街中で声をかけて集め、さまざまな形に加工したものを「かもじ屋」「かもじ売り」が再び売りに出すのです。また、かもじ屋ではかつらも手に入りました。かつらは銅製の型に小さな穴を空けて作られたということですので、さぞかし重く、つけごこちも悪かったのではないでしょうか。かつらは主にお芝居で使われましたが、一般向けのものも作られました。

現代でも髪の買取はあるのかと調べてみたら、買取業者のほかに、ネットオークションでも売られているようです。また、医療用かつらの毛を提供する「ヘアドネーション」というものもありますので、長い髪を切ろうと思っている方は現代版「おちゃない」にトライしてみるのもいいかもしれません。

それはそうと、江戸美人ちゃん、現代女子ちゃんの心づかいで元気を出してくれるといいですね。

今日も居座ラレ男子は買い出しに行かされている

これなんか
どうです?
いいねェ…
どうやって
呼んだの?!

あとがき

江戸美人ちゃんと、現代女子ちゃん。

この二人は、例えるなら「近所でたまに歩いてるのを見かけるけど、実はよく知らない人」です。通勤電車で毎朝同じ車両に乗り合わせる人、でもいいかもしれません。

顔も知ってるし、服装や持ち物とか、耳に入ってきた会話などで「たぶんこんな雰囲気の人で、こんな感じの暮らしをしているんだろうな」くらいは想像できるけど、実際は友達でも何でもないという、知ってるけど知らない人たち。隔週の一コママンガは、日常の切り取りとしてはあまりに情報量の少ないものでした。

あの会話の続きはどうなったのか。ケンカはちゃんと収まったのか、傍観者は知ることができません。ちらっと見かけたその後の出来事や、なんでもない二人の日常を描いてみたいと思っていた時に、晶文社さんから書籍化のお話をいただきました。

最初の打ち合わせで、私は「作者自身による二次創作が描きたいんです」と言いました。つまり、いつも近所で見かける日本髪の女性と、そばにいるもう一人の女性の暮らしを勝手に妄想してマンガにする、という趣旨で本を作りたいと提案したのです。

この本には、二〇一八年一一月一五日～二〇二一年一月二一日までのおよそ二年間の計五三話が収録されています。書籍の制作にあたり、改めて連載を最初から見てみると、二人の関係性が少しずつ変わっているように感じます。これは、二人が実際に二年という月日を重ねて信頼関係を築いているのだろうと思います。作者が何を言ってるんだ、と思うかもしれませんが、二人のことは、実は私にもわからないことがたくさんあります。マンガのキャラクターも、ストーリーの中で起こった出来事や、実際の時間軸を経ることで、少しずつ自我が芽生えているように思えてなりません。

連載元のポーラ文化研究所には膨大な江戸の化粧文化の資料があり、江戸好きには丸一日過ごしても足りない夢の空間です。せっかくなので、これらも一緒に紹介したいと思いました。文化資料と聞くと学問のようで構えてしまいますが、実のところ、当時の女性たちが、今の私たちと同じようにおしゃれやメークを楽しんで「マジやべー」と言っていた記録に過ぎないのです。

『ウチの江戸美人』は、毎回綿密な時代考証をした上で、親しみやすいストーリーになるように心がけています。中には、どうしてもしっかりした文献が見つからず、断念したネタも。そういう時は、きまってこんな会話を繰り広げていました。

「江戸時代に直接見にいきたいですよねぇ」
「聞けるものなら江戸美人ちゃんに直接たずねてみたいです」

エピソードの中には、実際に日本髪を結って生活をしている方にお話を伺ったり、江戸の化粧のワークショップに行った時の記録や、筆者が日常的に着ている着物の体感なども含まれています。また、リサイクル着物店の元店長、骨董商の友人など、ヒントになりそうなものを持っている人には可能な限りお話を伺って、江戸美人ちゃんなら何と答えてくれるかな、と想像しながらお話を作り上げていきました。

連載の更新は「ポーラ文化研究所」および筆者のツイッターアカウントでお知らせしてきました。SNSというのはユーザーの反応がすぐに確認でき、いろいろなコメントをいただくことがあります。「紅って唇以外にも使えるんだ」「ゆったりした着付けもいいね」のようなものから「二人のやりとりがかわいい」「ほっこりした」などなど、たくさんの声が日々の制作の糧となりました。書籍化を待ち望む声も少なくなく、私は今、声を大にして言いたいのです。

「みんな、おまたせ！　本、できたよー!!」

そして、渡辺美知代氏をはじめとするポーラ文化研究所『ウチの江戸美人』チームの皆様、この書籍を企画・編集してくださった江坂祐輔氏（晶文社）、林さやか氏（編集室 屋上）、なにより〈大事なことは二度言います〉これまで支えてくださった『ウチの江戸美人』ファンの方々に感謝申し上げます。本当にありがとうございます。

ありがたいことに、連載はまだまだ続きます。江戸美人ちゃんを探して現代にやってきた江戸美人ちゃんファミリー、彼らの逗留先にされてしまったご近所の男の子「居座《いすわ》ラレ男子」など、登場人物も増えてますますにぎやかに。女性の化粧文化にとどまらず、範囲を広げてさまざまなことを紹介していければと思っています。そして願わくば、第二巻で再びお会いしましょう。

二〇二一年九月　いずみ朔庵

参考文献

＊石川英輔『実見 江戸の暮らし』講談社
＊石川英輔『大江戸リサイクル事情』講談社
＊大原梨恵子『黒髪の文化史』築地書館
＊菊地ひと美『江戸の暮らし図鑑：女性たちの日常』東京堂出版
＊菊地ひと美『江戸衣装図鑑』東京堂出版
＊喜田川守貞著／宇佐美英機校注『近世風俗志：守貞謾稿』岩波書店
＊京都美容文化クラブ編集『日本の髪型：伝統の美 櫛まつり作品集』光村推古書院
＊佐藤要人監修／藤原千恵子編『図説 浮世絵に見る江戸の旅』河出書房新社
＊佐山半七丸著／高橋雅夫校注『都風俗化粧伝』平凡社
＊杉本鉞子著／大岩美代訳『武士の娘』筑摩書房
＊田辺昌子『鈴木春信：江戸の面影を愛おしむ』東京美術
＊谷田有史／村田孝子監修『江戸時代の流行と美意識：装いの文化史』三樹書房
＊永田泰弘監修『日本の269色：JIS規格「物体色の色名」』小学館
＊花咲一男監修『大江戸ものしり図鑑：ひと目で八百八町の暮らしがわかる』主婦と生活社
＊町田市立国際版画美術館監修／渡邉晃『三代豊国・初代広重 双筆五十三次』二玄社
＊三谷一馬『江戸庶民風俗図絵』中央公論新社
＊三谷一馬『彩色江戸物売図絵』中央公論新社
＊宮田正信校注『誹風柳多留』新潮社
＊村田孝子著／ポーラ文化研究所編『浮世絵にみる江戸美人のよそおい』ポーラ文化研究所
＊渡辺信一郎『江戸の化粧：川柳で知る女の文化』平凡社

いずみ朔庵

いずみ・さくあん

愛知県出身、イラストレーター。着物や和柄など日本文化に関するものや、歴史、時代物を得意とし、特に江戸文化に造詣が深い。企画、執筆、江戸解説などジャンルを超えて活躍している。著書に『財布でひも解く江戸あんない：マンガで辿る江戸時代の暮らしと遊び』（誠文堂新光社）がある。

いずみ朔庵 HP：http://www.sakuan.net/

株式会社ポーラ・オルビスホールディングス

ポーラ文化研究所

ポーラ文化研究所は、化粧を美しさの文化としてとらえ、学術的に探求することを目的に、1976年5月設立。以来、化粧文化に関わる資料の収集と調査研究、出版、国内外の美術館への展示協力や、現代の化粧・美意識やライフスタイルに関する調査の実施・公開などを行っている。

ポーラ文化研究所 HP：https://www.cosmetic-culture.po-holdings.co.jp/

ウチの江戸美人《えどびじん》

2021年9月30日　初版

著者／いずみ朔庵

監修／ポーラ文化研究所

発行者／株式会社晶文社

東京都千代田区神田神保町1-11 〒101-0051

電話　03-3518-4940（代表）・4942（編集）

URL　http://www.shobunsha.co.jp

印刷・製本　中央精版印刷株式会社

ISBN978-4-7949-7276-7　Printed in Japan

好評発売中

土偶を読む　竹倉史人

日本考古学史上最大の謎の一つがいま、解き明かされる。土偶とは——「日本最古の神話」が刻み込まれた＜植物像＞であった！「考古学×イコノロジー研究」から気鋭の研究者が秘められた謎を読み解く、スリリングな最新研究書。NHK「おはよう日本」でも話題沸騰！

お金の学校　坂口恭平

お金に関する今世紀最大の発見（!?）、人も仕事も動き出す「流れ」とは何か。noteでの無料公開時に30万PVを超え、その後完全予約制のオリジナル出版で初版5000部を売り切った話題書が普及版に。鬼才、坂口恭平がすべてをさらけ出して伝える「幸福」への道。

自分の薬をつくる　坂口恭平

誰にも言えない悩みは、みんなで話そう。坂口医院0円診察室、開院します。「悩み」に対して強力な効果があり、心と体に変化が起きる「自分でつくる薬」とは？　さっぱり読めて、不思議と勇気づけられる、実際に行われたワークショップを誌上体験。

好評
4刷

ご飯の炊き方を変えると人生が変わる　真崎庸

11分で劇的に美味しいご飯が炊ける！ご飯は「水で煮る」だけのいたってシンプルな食べ物。この原則に戻ると、炊飯器で炊くよりはるかに簡単で早く、外はパリッと、中はトロっと旨味と甘みが湧き出る劇的に美味しい、絶品逆アルデンテご飯が炊き上がる。

好評
重版

つけびの村　高橋ユキ

2013年の夏、わずか12人が暮らす山口県の集落で、一夜にして5人の村人が殺害された。犯人の家に貼られた川柳は〈戦慄の犯行予告〉として世間を騒がせたが……。気鋭のライターが事件の真相解明に挑んだ新世代〈調査ノンフィクション〉。

3万部
突破！

急に具合が悪くなる　宮野真生子＋磯野真穂

がんの転移を経験しながら生き抜く哲学者と、臨床現場の調査を積み重ねた人類学者が、死と生、別れと出会い、そして出会いを新たな始まりに変えることを巡り、20年の学問キャリアと互いの人生を賭けて交わした20通の往復書簡。勇気の物語へ。

大好評
6刷

ありのままがあるところ　福森伸

できないことは、しなくていい。世界から注目を集める知的障がい者施設「しょうぶ学園」の考え方に迫る。人が真に能力を発揮し、のびのびと過ごすために必要なこととは？　「本来の生きる姿」を問い直す、常識が180度回転する驚きの提言続々。

好評
3刷